この先を生む人

「ティーチャーズ・イニシアティブ」の記録

一般社団法人ティーチャーズ・イニシアティブ［編著］

さくら社

本書が完成したのは、これまでティーチャーズ・イニシアティブの活動に参画し、それぞれの現場で児童生徒たちのために懸命に取り組んでこられた多くの先生方の姿にインスパイアされたからに他ならない。未来のために懸命に取り組みを続ける、先生方および教育関係者に改めて敬意を表します。

（順不同）

大平佑有子さん、服部剛典（タケ）さん、市瀬利之さん、田中 GT 善将さん、伊藤良平さん、本田貴弘さん、一杉大介さん、清水美春さん、茂木正浩さん、高尾弥生（あひる）さん、田中理紗さん、中村元紀さん、青ちゃん、玄さん、タムタム、やっち、石川透さん、オーちゃん、べーやん、古島尚弥さん、中村健吾さん、八木邦明さん、大川裕太さん、中村拓海さん、澤井奈々子さん、鈴木栄さん、菅原慎吾さん、村上綾野さん、阿部真琴さん、熊谷和人さん、細田詠平さん、滝沢薫さん、ぬーまさん、濱元徹美さん、齋藤珠恵さん、まっつん、大川裕太さん、西脇美穂さん、朴元基さん、やまさん、佐藤真由さん、くみこさん、齋藤珠恵さん、池田由紀さん、佐藤恵理子さん、池澤友宏さん、菅谷直美さん、てらさん、杉原麻美さん、梅村岳史さん、丸山征一郎さん、小林勇輔さん、まっつん、瀬川智紀さん、もっちゃん、井手幸史さん、中西將之さん、こばあやさん　ほか 21 世紀ティーチャーズプログラムに参加した全ての先生と市民のみなさん

堺市デベロップメントプログラム、福山市 21 世紀ティーチャーズプログラム、オンラインプログラムに参加くださった全ての方々

◇はじめに

ティーチャーズ・イニシアティブ代表理事　宮地勘司

先生こそが真に未来をつくることができる――。

これは、私たちティーチャーズ・イニシアティブ（ＴＩ）が創業のときから真ん中においてきた言葉です。ひとりの先生（教師）は生涯に、何百人、あるいは千人を超える子どもたちと学びを共にします。子どもたちは日々、多くの時間を学校で過ごし、そこで、目に見える知識と、目には見えないけれど人生を生きていく上で大切なたくさんのことを学びます。自分を知り、社会を知り、自分と社会の関係を考えていく基盤をつくります。

そうして育った子どもたちは、やがて社会に出てたくさんの人と交わり生きていきます。だれかが仕事を通して達成した成果は社会を前に進め、また、だれかの考え方や生き方は、家庭で、職場で、地域コミュニティで、様々な影響を周りに与えていきます。安心感、創造性、真摯さ、思いやり、智慧、楽しさなどの価値が人々の間に生まれたとしたら、それは必ずやだれかの貢献によるものです。そんな〝だれか〟が、いま、まさに先生の目の前で育っているのです。

人が自らの可能性を存分に開花させて人生を生き切ることは、何ものにも代えがたい大きな価値があると私は考えています。そしてそのための基盤を学び手と共につくる教師という仕事は本当に偉大で大切な仕事だと思います。世界一忙しい日本の先生たちが、自らの仕事に誇りを持って、歓びとともに生徒に向き合ってほしい。そんな願いを持って私たちＴＩは今日まで活動してきました。


ＴＩが生まれる十年前の二〇〇四年に、私は株式会社教育と探求社という会社を立ち上げました。教育と探求社は、子どもたちが学校で主体的、創造的に学ぶための「クエストエデュケーション（クエスト）」という教育プログラムを提供することを仕事にしています。

クエストとは、企業活動や社会課題など、リアルな社会をテーマに、中高生が学校の授業で取り組む探究学習プログラムです。あらかじめ用意された正解をみつけるのではなく、生徒たちの闊達《かったつ》な探求心を引き出すことで、自分の頭で考え、自分なりの答えを導き出していく力を育む学びです。

クエストは全国で二〇〇校を超える中学・高校で導入されており、毎年千人以上の先生がクエストに関わっています。私は、全国の学校を訪問し、クエストの授業に参加し、学びについて先生と語り合い、時には酒を酌み交わすこともありました。そこで感じたことが二つあります。

一つは、学びの大きな変革期のなかで先生は大変な苦労をされているということです。「主体的・対話的で深い学び」、「教え込みから引き出す学びへ」と世の中では言われていますが、そもそも先生自身が子どもの頃にそのような教育を体験したことはほとんどなく、実際にどのようにやったらいいのか自ら手探りで学んでいかなければならない状況です。そして、この大きなシフトには指導技術の修得だけではなく、それを支える教育観のシフトのようなものが必要なのですが、そのための公的なサポートも十分とは言えません。戸惑う先生も多く、このままでは、いわゆる「ゆとり教育」の挫折と同じ道をたどる可能性もあると感じていました。

もう一つは、そんななかで、思いを持って新たな学びに真摯に向き合い頑張る先生も確実にいるということと、残念ながらそんな先生ほど、孤軍奮闘となりやすく、疲弊し、思い悩んでいることが多いということです。私は、そのような志高い先生たちが学校を超えてつながることで、自分だけじゃない、仲間がいる、自分たちがやろうとしていることは間違っていない、と、勇気と確信を持って前に進むことができたらいいなと考えていました。

そんな思いが具体的な形となって動き出したのは、二〇一五年のことでした。
きっかけは、一人の先生の言葉でした。埼玉県立新座総合技術高等学校という県立高校で教鞭をとる並木通男先生です。当時、私は、博報堂、野村総合研究所、慶應義塾大学大学院と一緒に、未来教育会議というコンソーシアムを立ち上げ、学校、企業、行政、NPO、市民など多様な立場の人たちがラウンドテーブル[*1]で教育の理想の姿を考えるという活動をはじめていました。そこで開催したワークショップに参加した並木先生が、最後のふりかえりでこのような言葉を場に出されました。

「今日は夢のような一日でした。こんなに多くのいろいろな立場の人たちが教育について前向きに語り合うなんて、とても素敵なことだなと思いました。学校の職員室でも、こんなふうにオープンに子どもたちの未来について語り合うことができたらいいのに」

並木先生はとても穏やかで寛容な先生です。決して大きな声ではありませんでしたが、心の真ん中から発せられた並木先生の言葉は、願いとしてその場にいた人たちの心に届き、染み入りました。私を始め、何人かの人がこの並木先生の思いを是非、実現したいと感じていたことが後日明らかになるのです。

数日後、前回の続きのワークショップが開催されました。今回は、自分たちがやりたい理想の教育を実現するためのアクションプランをつくるという目的です。それぞれがやりたいことを掲げて仲間を募り、そこから現実に何かを動かしていくOST（オープンスペーステクノロジー）という話し合いの手法を使いました。

私は、自分がやりたいこととして、迷わず一枚の紙に「志ある教師をつなぎ応援する活動を展開」と書き、これを掲げました。他にもいくつかのテーマが出揃ったところで、それぞれが趣旨を話し仲間を募ります。参加メンバーはいずれかのグループに入りそこから具

＊1　ラウンドテーブル
一人の話題提供者と数名の参加者が丸いテーブルを囲み、テーマについて自由に意見を交換する場。全員が序列なく対等な立場で議論できる。

「この指とまれ」でプロジェクトを立ち上げる「オープンスペーステクノロジー」というワークで、宮地が参加を呼びかけた

体的に何をやるのか、そもそも何のためにやるのか、議論を深めていきます。

　私の掲げたテーマに集まってくれたのは、チェンジ・エージェントの代表で組織学習の第一人者である小田理一郎さん[*2]、アデコ取締役・ピープルバリュー本部長で企業の組織開発の担当として大きな実績を残してこられた土屋恵子さん[*3]、プロセスワークというメソッドをベースにカウンセリング、コーチング、ファシリテーションの分野で活躍されている桑原香苗さん[*4]、ネクスト（現在のライフル）という会社で人事を担当されている村川麻衣さん、そして件《くだん》の並木通男先生です。

　ここに集まった人々の多くは、前回のワークショップでの並木先生の言葉に共鳴し、その願いを実現したいという思いを持った人たちでした。人の成長や発達に関するプロフェッショナルたちが集まったド

TIの基幹となるプログラムを構築するに至るプロフェッショナルなメンバーが一番最初に集まった場面

リームチームでたっぷりと二時間近く話し合いました。そうしてこの日たどり着いたのは、思いある先生たちを集め、このメンバーで新たな学びのプログラムをつくりキャンプをやろうというプランでした。

それから約三カ月の間、本当に忙しいみなさんがほぼ毎週集まり熱く議論を重ねてプログラムを練り上げていきました。そうしてできたキャンプのタイトルは「Camp21 for Teachers～先生が21世紀スキルを楽しく体験的に学ぶプログラム」。並木先生が教えている生徒さんが素敵なチラシをつくってくれて、募集開始です。

最初のうちは、主催団体もよく知らない、何をやるかもよくわからない山梨の山の中でのキャンプに果たして先生が集まってくれるのか不安でもありました。しかし、何かを感じてくれた二十二名の先生と教育に思いのある市民たちが参加を表明してくれて、無事に実現す

＊2　著書に『学習する組織入門』（英治出版）、共著にシステム思考の入門書『なぜあの人の解決策はいつもうまくいくのか』（東洋経済新報社）など。共訳書にピーター・M・センゲ著『学習する組織』（英治出版）他多数

＊3　主にグローバルカンパニーで20年以上にわたりビジョンの実現に向けて個人と組織が個性と強みを生かして共に成長することを基盤に組織開発をリード。ケース・ウェスタン・リザーブ大学経営大学院組織開発修士課程修了

＊4　一般社団法人日本プロセスワークセンターおよびコーマワークジャパン設立メンバー、ファカルティ。企業・NPO・教育機関・病院等での人材・組織開発、リーダーシップトレーニング、コンサルティング、社会課題への取り組みなど多岐に活動

ることができました。

教師を辞めるかどうか見極めるために参加したという先生、アクティブ・ラーニングの真髄をつかみに来たという先生、教師とは何者かを問うために来た教員養成課程の大学生、教育格差を何とかしたいと願う先生……多様な背景と思いを持った先生たちと共に過ごし、教育の未来をみつめた二泊三日のキャンプは濃く深く、私にとっても忘れ得ない体験となりました。

キャンプ後の二〇一五年九月一六日、一般社団法人ティーチャーズ・イニシアティブが設立されました。団体の理事には、米倉誠一郎氏（一橋大学名誉教授／法政大学大学院教授）、鈴木寛氏（当時文部科学大臣補佐官）、児美川孝一郎氏（法政大学教授）、前野隆司氏（慶應義塾大学大学院教授）に就任していただき、翌年からは、毎年、キャンプの後に行われる参加者たちによるゼミ形式の学び（ラボ活動）をファシリテートしていただいています。そして、キャンプをともに立ち上げた先述のメンバーは「ラーニング・デザイン・チーム」として、TIのプログラム開発を継続して担ってくれています。

私たちは設立から五年間、多くの先生方と出会い、共に学びながら活動を広げてきました。後述する「21世紀ティーチャーズプログラム」はこれまでに四期を数え、堺市や福山市といった自治体の公式研修、関西・東海にも広がり、先生方による学びのコミュニティが形成されています。コロナ禍にあっても歩みを止めることなく、二〇二〇年度は全面的にオンラインでの学びにシフトしました。いかなる時も、どんな状況でも自ら学びを深めていく先生方の思いの深さには感動を覚えるばかりです。

激変する世の中で、苦悩しながらも前に進もうとする先生たちを応援したい、私たちも当事者となって学びの場を支えていきたい。そんな市民の思いが知恵となり、資源となってTIに注がれてきました。そのことに心から感謝をしながら、先生方とともに歩んだこの五年間の足跡を皆さんにも知ってほしいと思い、この本を出版することとしました。

出版にあたっては、本のタイトルを「この先を生む人」としました。

先生という言葉の語源は、大辞林によれば「先に生まれた人」とあります。この変化の激しい時代においては、先に生まれただけでは豊かな学びをつくりだす十分条件を備えているとは言えません。しかし、そんな従来の概念を超えて、子どもたちの主体性と創造性を引き出し、今まさに未来を生み出そうとしている先生たちは、たしかにいる。そんな先生たちへの大いなる期待と尊敬を込めて「この先を生む人」という書名をつけました。

第一章は、実際にTIのプログラムがどのような意図を持って構築されているのか、東京大学大学院教育学研究科博士課程に身を置きながら、TIのラーニング・デザイン・チームの一員としてプログラムの開発を担っている福島創太が解説します。

第二章では、実際にTIのプログラムに参加した先生方の生の声を聞いていただきたいと思います。それは教師としての声であると同時に、ひとりの職業人、ひとりの人間としての肉声でもあります。

さまざまな夢を持って教師になった多様な個性の先生方が、多様な課題を抱え、それを乗り越えようともがき、頑張っています。深く共感できる人もいれば、中にはあまり共感できない人もいるかもしれません。それでもひとりの教師の真実をできるだけ脚色なく、ありのままで伝えたいと思いました。もしもみなさんが、この先生たちの話を直接聞いてみたいということがあれば、そのような場を設けたいと思っていますので、ご連絡をいただければうれしいです。

第三章は、私たちの活動が今の日本の教育や教員養成の仕組みの中でどのような意味をもっているのか、法政大学キャリアデザイン学部教授の児美川孝一郎先生に寄稿していただきました。教育学の研究者であると同時に、実際にTIの学びに関わっていただいた体験も生かして、大所高所から論じられています。

私たちがはじめた小さな活動は、今、当事者である先生たち自身の活動として広がり始めています。独自の勉強会やワークショップが先生たちによって次々と開催され、またわずか数人の力で学校全体を変えていこうという取り組みをはじめている先生もいます。ティーチャーズ・イニシアティブとは「先生たちの内なるリーダーシップで立ち上がる主体的活動」という意味です。ここで起こった火が燎原《りょうげん》の火のように広がっていき、たくさんの生き生きとした先生と共に学ぶ、たくさんの生き生きとした子どもたちの顔を見たいと思っています。

そのような思いを込めて、最後に、文化人類学者マーガレット・ミードの言葉をここに記したいと思います。

「強いコミットメントのある小さな市民グループが世界を変えることができるということを決して疑ってはならない。実際、世界を変えてきたのはそれだけなのである」

この先を生む人

◉もくじ

第2章

TⅠで何が起こったか――8人の先生の物語

※注　本書中「先生」「教師」などの呼び方が混在しているが、言葉の使い方も書き手の教育観を伝えるものと考え、あえて統一しないこととした。

第1章

21世紀ティーチャーズプログラムとは

ティーチャーズ・イニシアティブ
ラーニング・デザイン・チーム
福島創太

体験的な学びにより 教育観を拡げる

福島創太

ティーチャーズ・イニシアティブ（ＴＩ）の活動の中心は、かんたんに言えば、新しいかたちの教員研修です。

まずはＴＩで行なっている研修プログラム「21世紀ティーチャーズプログラム」において大切にしている考え方とプログラムの内容をご紹介します。

21世紀ティーチャーズプログラムには大きな特徴が二つあります。

一つはノウハウやスキルの習得だけでなく「内省による〝教育観〟の更新」を〝学びの目的〟としていることです。日々教壇に立っている先生が教育において大切にしている信念や、意識的、無意識的に持っている「人の学びや発達とはどんなものか」「何が人に学びを引き起こすのか」という価値観を改めて見つめ、慣れ親しんだ考え方とは異なる学びを体験したり実践したりするなかで、教育に対する考え方の引き出しを増やしていけるよう設計しています。

もう一つは、講義ではなく「〝体験〟を重視」し、体験を紐解くことで主体的に学びを得ていくという〝学び方〟でデザインされていることです。

■図1

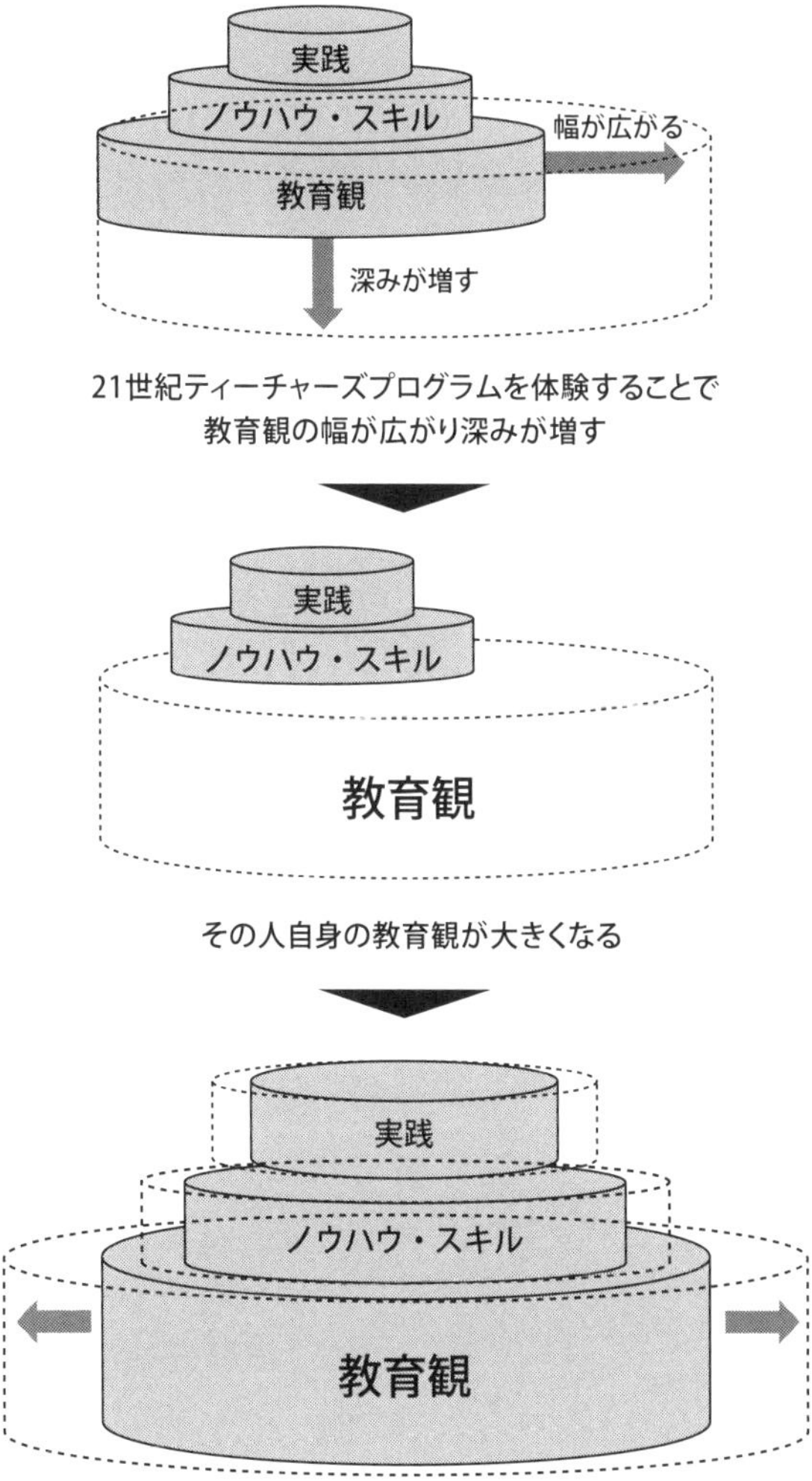

教育観が拡大したことにより、ノウハウ・スキルの幅、
実践の幅も広がるとともに、さらなる学びや挑戦に向かっていく

どうしてこうした特徴を持つに至ったのか、背景には先生方がいま置かれている現状と、企業やNPO、NGOと言ったソーシャルセクター、あるいは国際協力の世界で育まれ始めていた、人の発達や育ちに関する新しい考え方の出会いがあります。

いま学校では「正解のない問いに向き合い、協働するなかで自分たちならではの答えを導き出すような学び」を児童、生徒に届けることが求められています。一方で先生（教師）自身がそうした学びを生徒として体験したことがない場合は少なくありません。そうした状況のなかで、研究熱心で学習意欲の高い日本の多くの先生方が、研修に足を運び、実践に取り組みながら研鑽を積みつつも、理論やノウハウだけではもう一歩足りない何かがあるということを感じ始めているということに私たちは気付きました。

そのことに取り組むうえで私たちが有効だと考えたのが、企業の人材育成やソーシャルセクターにおける社会課題解決、国際協力の領域で生まれ始めていた人の発達に対する新しい考え方でした。

技術や知識をどんどん身につけていってもどうしても越えられない課題や壁に出会ったときに考え出されたのが、自身が無意識にもっている価値観や思い込み、思考の癖を自覚し、手放してみる、という成長、発達の在り方でした[*1]。

例えば、複数の人と協力して何かに取り組むとき、互いの意見が異なっていてはうまく進みません。しかし意見の背景にある価値観や前提が異なるということに目を向けることができれば、その違い自体を話し合うことができます。大切にしている信念の違いを知り、共感はできずとも理解し合えたとしたら、意見をすり合わせることもできるかもしれません。

「絶対に共感できない」あるいは「これは絶対に正しい」と決めつけてしまうことが多ければ多いほど、自分の頭で考えたり、対話を通して新しい気付きを得たりする機会は減ります。一方で、「これは絶対に間違いだ」と思っても、自分が大切にしていること以外にも世の中には大切なことがあるかもしれないと考え、興味を持ったり、前提を手放して考えてみたりすることができたら、全ての出会いは学びの機会になり得ます。「壁だ!」と思っていた課題も、常識にとらわれずにアイディアを出していけばすんなり先にすすめるかもしれません。

企業やソーシャルセクターで育まれ始めたこうした考え方が、「先生が持つ教育観」にも活かせるのではないか、という発想が21世紀ティーチャーズプログラムを生み出しました。

＊1　こうした潮流は一九八〇年代以降に盛んになった。ハーバード大学教育大学院教授で組織心理学者のロバート・キーガンが提唱する「成人発達理論」やアメリカの環境科学者ドネラ・メドウズが経済、環境、社会分野の課題に取り組む中で提唱した「システム思考」、マサチューセッツ工科大学のオットー・シャーマー博士らによって生み出され、企業・行政・非営利セクターなどあらゆる分野で変革に取り組む人々に支持され、実践されている「U理論」といった理論を基盤にプログラムは構築されている。

プロとして毎日教壇に立たれる先生方は、素晴らしい技術と知識、そして教育に対する強い信念と価値観を持っています。先生自らがその信念と価値観に向き合い、まずは自覚すること。そしてそれとは異なる信念や人の育ち、発達に対する考え方、例えば知識の伝達や技能の習得ではなく、自分の考え方や価値観が揺らぎ、拡がっていくような学びを自ら体験し、実践してみる。そうすることで児童の学びを見取る引き出しや生徒への接し方、同僚との関わり方の引き出しが増えるのではないかと考え生まれたのが、21世紀ティーチャーズプログラムです。

ここから、その具体的な内容とデザインを紹介していきます。

プログラムの全体像は図2の通り。だいたい半年程度の期間をかけて行ないます*2。

■図2

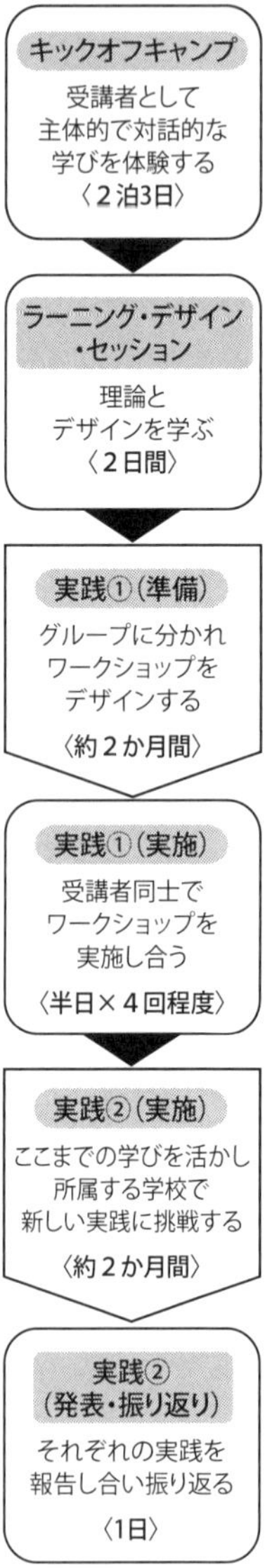

キックオフキャンプ
受講者として
主体的で対話的な
学びを体験する
〈2泊3日〉
ラーニング・デザイン・セッション
理論と
デザインを学ぶ
〈2日間〉
実践①（準備）
グループに分かれ
ワークショップを
デザインする
〈約2か月間〉
実践①（実施）
受講者同士で
ワークショップを
実施し合う
〈半日×4回程度〉
実践②（実施）
ここまでの学びを活かし
所属する学校で
新しい実践に挑戦する
〈約2か月間〉
実践②
（発表・振り返り）
それぞれの実践を
報告し合い振り返る
〈1日〉

キックオフキャンプ（宿泊研修）

先生方はまず二泊三日の宿泊研修（キックオフキャンプ）に参加します。このキャンプでは講師からの講義は一切ありません。「問い」と「グループワーク」、そして学びが起こる様々な工夫によって、対話を通して新たな気付きや学びが生まれるように設計されています[*3]。

例えばあえて大自然の中でプログラムを実施し、自分が呼ばれたいあだ名でお互いを呼び合うことで、役職、立場、日常の感覚を離れて素の自分でいることを大切にします。また、「お互いの存在を尊重する」「その時に心にあることを聴く、話す」「発見や、意外な視点を楽しむ」といったグランドルールが設定され、自分らしくいること、新たな気づきや学びに心を開いておくことの大切さが確認されます。

受講者が集まって必ず最初に行う「チェックイン」というワークでは、講師を含めたすべての人が車座になり、「いまの気持ち」を語ります。プログラムに対する期待を口にする人もいれば、ちょっと疲れている、寝不足、などコンディションを口にする人もいます。すべての人が偽らない真実の言葉を口にし、そこにいるすべての人がそれを受け取り合うことで、

＊2　ここで紹介したプログラム、そしてこれから登場していく先生方が参加したのは2015年〜2018年、新型コロナウイルス感染症の発生前に実施していた「全国版プログラム（全国の希望する先生が個人として参加するプログラム）」です。TーはこのプログラA以外にも自治体向けプログラムや私学法人向けプログラム、オンラインプログラムなど、様々なプログラムを開発、提供しています。

＊3　ロシアの心理学者のヴィゴツキーらが提唱した「社会構成主義」という学習理論が基盤にあります。

「自分がいまここにいる」ということを全員で確認し、安心安全の場であることを体感したうえでキャンプが始まっていきます。

キャンプ一日目：自身の過去を探究する

一日目は「自身の過去」を扱い、先生になった原点を、各四〜六人程度のグループワークを通して探究します。「自分のことは自分が一番わかっている」という前提を手放し、過去の経験に対して互いに質問したり、他人が語る人生のなかに共感したり関心が向いたりする部分を見つけたりしながら、忘れ去っていた記憶や感情を思い出します。そして自分史の執筆を通して自分自身とも対話しながら、教師としての原点、思いを確認します。

キャンプ二日目：社会のいまと未来を探究する

二日目はグループワークを通じて「二〇三〇年の未来の社会」をグループごとに想像しプレゼンします。このワークの特徴は「確実に起こる未来」や「望む未来」ではなく、「望むと望まざるにかかわらず起こるかもしれない未来」を想像することです＊4。

例えば、二〇三〇年の未来を想像したとき、日本における超高齢化社会の到来や世界的な都市化、ＡＩやロボットなどのテクノロジーの進化は、データに基づいてほぼ確実に起こる未来と言えます。一方、宇宙への移住やロボットとの共生、雇用の流動化や日本における移民の増加など、二〇三〇年を想定したときに起こるかどうか、あるいはどれほど進んでいるかわからないけれども、自分たちの暮らしや生き方に大きく影響するであろうことはたくさんあります。そういった不確定だけど重要な事象にはどんなものがあるか？　そしてそれが起きた場合、あるいは起きなかった場合はどんな世界になっているのかを探究していきます。「先行きのわからない社会において起こり得る未来を考える」という、まさに正解のない問いに協働して取り組むなかで、常識や思い込みに捉われることなく自分たちならではの答えをつくる体験をします。

互いの意見に刺激されて自分の中に新たな気付きや発見が起こるとともに、未来を考える中で働き方やテクノロジー、社会制度、国際情勢や環境といった様々な専門情報を読み解き、多様な領域のいまについても主体的に学んでいきます。

＊4　国やグローバルカンパニーが経営戦略や未来への方針を策定する際にも用いられる「トランスフォーマティブ・シナリオ・プランニング」というワークを参考にしています。このワークは、南アフリカがアパルトヘイトを撤廃し、マンデラ大統領へ政権移行する時に、黒人・白人・カラード・ゲリラなど多様なステイクホルダーが集まって、新しい南アフリカという国家の未来のシナリオを描く際にも用いられました。

キャンプ三日目：実現したい未来を探究する

最終日の三日目は、それまでの体験を経て、自分が実現したい未来、これから児童生徒に届けたい学びを考えていきます。二人一組で大自然の中を歩きながら相互にインタビューをします。すでに自分の頭にある理想を話すのではなく、ペアからの問いを受けてその瞬間に立ち上がるビジョンを言葉にしていきます。続いて、インタビューを通して自分の中に生まれた願いの片鱗を手がかりに、粘土を使って理想の未来を表現し、それを説明することで、自分のビジョンに気付いていきます。

自身の過去を丁寧に振り返り、社会のいまを探究し、未来への思いが立ち上がった段階でキャンプが終わり、プログラムがスタートしていきます。

ラーニング・デザイン・セッション：理論とデザインを学ぶ

その後一カ月ほど間をあけて、二日間の研修（ラーニング・デザイン・セッション）が行なわれます。そこでは、キックオフキャンプでの体験の背景にある学習理論を紐解くことで、自ら実践できるようノウハウを学んでいきます。「キャンプで自分に何（学びや気付き）が起こったのか」「それはどうして起こったのか」を受講者が自ら考え、話し合い、模索していきます。講師は、ファシリテーターとして受講者の主体的学びをサポートするとともに、研修の設計意図やデザインの工夫を解説することで学習理論やノウハウを提供します。そのなかで、「やり方」や「教授法」といったhowの前に、「どんな学び・価値を届けたいのか」「それはなぜなのか」というwhy、意図から考えていくことの重要性が伝えられていきます。慣れ親しんだ考え方とは異なる理論でつくられた学びの場を体験し、込められた意図やデザインを主体的に紐解いていくことで、先生としての在り方や教育観に新たな視点を獲得していきます。

実践①：受講生同士のワークショップ

そしてその後に取り組むのが二つの実践です。一つ目は、受講者が五〜八名程度のグループになり、リソースパーソン*5の力も借りながら、自分たちだけで自立的に半日のワークショップ（研修）を設計していきます（ラボ活動）。

互いを深く知り合い、体験を共にしてきた受講者同士のなかにはラーニングコミュニティ*6

*5　リソース＝〝資源・資産〟のこと。T―理事や大学教授、コンサルタントといった方が、先生がワークショップをつくり上げるのに参加します。リソースパーソンは講義を行なうのではなく、対等な関係で対話を通してワークショップづくりに参加します。そのなかで受講者は、幅広い領域の知にも触れていきます。

*6　学習者が主体的に学び合う学習共同体。

が生まれています。その受講者同士の関係性を土台に、新しく学んだ学習理論とノウハウ、そして「学びとは何か？」「学びが起きるとはどういうことか？」という根源的な問いを手掛かりに、自分たちならではの「学びの場」をデザインし実施します。自身の教育観をいったん棚に上げて、新しい考え方や方法を実際に試してみることで、自分がもつ教育観を見つめなおし、拡げていきます。

実践②：所属する学校での実践

二つ目が所属する学校での実践です。ここまでで学んだことを活かして新たな授業実践や、学校の組織開発などに取り組みます。そしてプログラムの最後に、それぞれの実践内容を共有し、互いのチャレンジに刺激を受け、さらなる学びを深めて終了となります。

先生たち一人ひとりがどういった実践に取り組んだのか、そしてその後先生たちにはどのような変容や成長が見られたのかというところからは、ここからの各先生のエピソードに譲ろうと思います。

プログラムでの体験が先生一人ひとりにどのように息づき、どんな風に芽生えていったのか、想像を膨らませながら読み進めていただけたら光栄です。

第2章

TIで何が起こったか
8人の先生の物語

扉紹介文 ◎ 福島創太
インタビュー・構成 ◎ 伊江昌子、加藤 肇

1 どんな“自分”を

東京都公立小学校
中村拓海 先生

中村先生は、自身の感情や気持ちにとても正直な方です。プログラムのなかで受けた衝撃や違和感に真摯に向き合い、苦しみながらも「児童の未来」のためにプログラムでの体験の意味や価値を紐解こうとされる姿が印象的でした。そうした過程で、「ねばならない自分」に苦悩する自分と、「在りたい自分」に向かいたい自分に出会っていきます。教師という職業は、一事が万事人前に立つ仕事であり、児童生徒に対してある種の理想を示すことが求められがちです。そしてそのことは目の前の児童、生徒のためということ以上に、もしかしたら同僚や保護者といった大人同士の関係性の中で立ち上がる感情なのかもしれません。児童生徒の数だけ個性があって、在りたい姿がある、先生はそのことを誰より知っています。そんななかで「教師はどんな“自分”を見せるべきなのか」、この問いに真摯に向き合う姿が、中村先生のエピソードからは伝わってきます。

自分の原点に気付いた子どもに向き合う姿勢が変わった

多様な人の、多様な価値観に触れてみたい。そこで得たものを子どもたちにも還元したい——肩の力を抜き、子どもの力を信じられるようになった。

中村拓海

ガチガチの心を抱えて

二〇一八年、教員となって三年目の夏にＴＩのプログラムに参加しました。その頃の私は、心がガチガチの状態で、周りから見れば「ものすごく肩肘張っている」状態だったと思います。当時、小学四年生の担任をしていました。その学年は三年生の頃から荒れていて、学力が追いついていない子、周りとうまくなじめない子、それに立ち歩きの子もいたりという、ものすごく大変な学年でした。

担任になった四月から、なんとかこの子たちが楽しく学校生活を送れるようにと、自分なりに試行錯誤を続けていたのですが、なかなかうまくいきません。ついには、校長先生や他の先生たちの力を借りて、「喝を入れる」ような学年集会をすることになりました。ただ、私自身はこの集会をやりたくないと感じていて、それを主張したのですが、結局、押し切られてしまったのです。

このことがきっかけで、「自分が力をつけないと、他の先生たちに話を聞いてもらうこともかなわない」という危機感を抱くようになりました。また、必要以上に自分を大きく見せるようになっていました。

職員室では根拠のない言葉で自分や周囲を鼓舞し、他の先生や子どもたちの前では「このクラスは大丈夫なんだ」というポーズで取り繕うのですが、内実はぐちゃぐちゃ。今思うと「あのタイミングでTIに参加していなかったら、いつかは体罰をしてしまったかもしれない」というくらい、追い詰められていました。

そんな肩肘張った状態のまま、山梨で行なわれたTIのキャンプに参加することになったのですが、不思議と参加すること自体はつらいとは感じませんでした。むしろ「こんな状況だけど、ちょっとリフレッシュになるから嬉しいな」というくらいの気分。目の前のつらい現実から離れられて、自分にとってためになる（その意味で、楽しい）時間を過ごせるのが嬉しいという気持ちだったのかもしれません。

内面がむき出しにされるような衝撃

ところが、その見込みは外れました。いざプログラムが始まってみると、初日から「しんどいな！」と。特に、チェックインの衝撃はとても大きなものでした。

他の研修会などでも、みんなの前で挨拶する機会はあります。だいたいは学校の教室のようにそれぞれが前を向いて席につき、名前や所属、ちょっとした抱負を話すくらいで済みます。これが一般的だと思います。

それに対して、チェックインは、参加者全員が輪になってみんなの顔が見える状態で座ります。そして、それぞれが「今抱えている自分の思い」を話すのです。初対面の人たちと一緒にそんなことをする経験はしたことがありませんでした。自分の番になって話していると、自分の内面がむき出しにされるような「怖さ」を感じて、とにかく「嫌だな、つらいな」と感じました。また、他の参加者が話している時には、その人の感情や気持ちがダイレクトに

伝わってきて、これもどうにも落ち着かない気分になります。
　おそらくこれは、まだ私自身が肩肘張っている状態だったことで、自分のありのままの内面を他人に見せたり、他人の感情を受け止める準備ができていなかったのだと思います。自分の内面がさらけ出される感じ、他人の内面と向き合わされる感じは、今までに経験したことがない、苦手なものでした。
　ただ、キャンプ中にチェックインを繰り返していくうちに、その感じ方は変化していきました。初日は取り繕うような、外面のいい言葉を発していたのが、素直な気持ちを外に出せるようになりました。また、他の参加者の言葉を聞いても心が動かないように努めていたのが、心が動く自分をだんだんと受容できるようになっていったのです。たった三日間のキャンプでしたが、最終日にはみんなの前でも涙を見せられるまでになったというのが、その変化を物語っています。

今になって考えてみると、そういう変化が起きたのは、周りの参加者がつくってくれていた雰囲気によるものが大きかったのでしょう。私が話している時に周りの参加者が見せる仕草や表情からは、「ああ、ちゃんと受け止めてくれているな」と感じることができたのです。その絶対に受け止めてもらえる安心感に最初は戸惑いましたが、最終的には心地よさを感じるまでになったのだと思います。

気負いがなくなって初めて見えた

キャンプで他の参加者の姿勢や思いを知るにつれて、いま自分がやらなければいけないことにもだんだんと気付かされていきました。ＴＩに参加している先生たちは、野心とかビジョンとか、「こうありたい！」というイメージがとても強烈な人たちで、最初は話を聞きながら圧倒されるだけでした。「すごいアイデアだな」とか「すごい行動力だな」と、表面的なところだけしか見ることができませんでした。自分とは別世界のような話だと捉えていたかもしれません。

ただ、いろいろと話をして距離が縮まっていくにつれて、わかってきました。彼らは誰もが「子どもたちをどうにかしたい！」という熱い思いを、根っこに共通して持っているんだと発見したのです。

参加者から聞いた中に、特にいまも強く印象に残っている話があります。沖縄では多くの先生が心を病んで仕事を辞めてしまっている。その人たちは「他の人が求める人」になろうと頑張り過ぎて、心が折れてしまっている。本当はチューリップなのにバラになれと言われて、無理してバラになろうとして、心が折れちゃったんだ……というたとえ話をしてくださった方がいたのです。

この話は、私の心に響きました。無理してバラになろうとするのではなく、チューリップになればいいんだ。焦ってしまって自分を実際より大きく見せたり、誰かのまねをするために肩肘張っている必要はない。誰でもその人自身の良さ、その人の在り方というものを大切にすることが重要なんだと気付けたのです。

それに気付けたことで、少し肩の力が抜けていくのを感じました。「自分も何かすごいことをしなきゃいけない」という思いに駆られていたのが、「そんなに大きなことでなくてもいい」と気持ちが変化していったのです。気負いがなくなって、大事なのは「まずは目の前の子どもをしっかり見ることなんだ」と思えたのです。

小学校の先生になろうと決めた「原点」

その人自身の良さを大切にすること、そして、目の前の子どもをしっかり見ること。これらが大事なんだと気付いて、キャンプが終わる頃に改めて意識するようになっていたのは、「自分が大切にしてきたもの、自分の原点って、何だったんだろう?」ということでした。

話は、大学在学中にさかのぼります。

元々、私は、中学か高校の数学の先生になりたかったんです。中学のときに出会った数学の先生たちがかっこよくて、「ああいう大人になりたいな」という思いがあったからです。サッカーのコーチや部活動の顧問にもなりたくて、指導者ライセンスも大学在学中に取りました。

ところが、大学三年の時に「このまま先生や指導者になっていいのかな?」という不安が生まれてしまいました。それで、自分探しのように働く目的を考えるイベントに参加してみたり、何かのヒントを求めていろんな人に会いに行ったりしてみたのです。でも、答えは出ませんでした。

それでも「やっぱり先生になろう」と決めたのは、ボランティアでコーチをしていた小学六年生のサッカーチームがきっかけでした。

彼らは、予選で負けて都大会には出られなかったのですが、そこから奮起して練習したことで強くなったチームでした。市内全てのチームが集まる弥生杯という大会で勝ち進んで、決勝までいきました。決勝では、相手も強いし、子どもたちも緊張して、前半は〇－一でリードされてしまっていました。

私はハーフタイムにコーチとして何を伝えようか、前半の途中から考えていました。ところが、ハーフタイムに入ると、子どもたちだけで話し合いを始め、私の出番がないままにハーフタイムは終了。後半には、自分たちのよくないところを修正し、二－一と逆転して勝利。見事に優勝を果たしたのです。

私は「すごいな！」と、ものすごく感動しました。そして、本当にびっくりしました。この驚きは、逆転したことに対してだけではありません。コーチである自分から指示を受けることなく、子どもたちだけでよくないところを修正し、チームとして団結できたことに対して驚いたのでした。

このことは、「ああ、そうか。自分は子どもが成長する瞬間が好きなんだな」と再確認させてくれました。私の指示通りに子どもたちが動いて結果を出したのではなく、子どもたちが自分で考えて行動し、それが結果につながった。そして、これまでできなかったことができるようになった。それが、自分のことのように嬉しかったのです。

これこそが、私が先生になろうと決めたきっかけでした。そのあと、小学校、中学校、高校のどれを選ぼうかと悩んだ際にも、「子どもの成長を間近で見られるところ」という理由で小学校を選びました。

子どもの成長を信じられる

「子どもが成長する瞬間を見るのが好きなんだ」という自分の原点に戻れたのは、ＴＩのラボの中で鈴木寛先生から教えていただいた「個別暫定解」という考え方も影響しています。

今、目の前にいる子どもの姿や行動は「その時その時の個人の暫定的な答《こたえ》」なんだと教わったのです。例えば、子どもがケンカして「誰々ちゃんは嫌い！」となっても、そのあとにまた仲直りして元の関係に戻ることができる。それは、その答えが絶対変わらない「解」ではなくて、その時その時の答え、個別の解だから。つまり、その子の姿や行動が今後も変わっていく中で、「今」の暫定的な答えがこれなんだ、というお話でした。

それを聞いて、私は、目の前の子どもが「今、良い子になっている」ことよりも、「この先どうなっていくのか、どう成長していくのか」を見るべきなんだと気付きました。目の前にいる子どもたちが「良い子」であれば、授業や学校行事もスムーズに進むので、先生としてはとても好ましいことです。でも、そればかりにこだわることで、その子の将来の姿や成長の過程に目を向けられなかったら、それは本当にその子のためになるのだろうか。そう考えるようになったのです。

この気付きは、その後、自分が子どもに向き合う姿勢に大きな影響を与えました。

例えば、もう四年生なのに時々ギャーーッと自分を抑えられなくなってしまう子がいるとします。その時、「今はこうでも、大人になってもこのままという子はいないから、どこかで気付くだろう。だとしたら、自分はいま何を伝えるべきだろうか?」と考えるようになりました。その上で、これまでの自分だったら反射的に「静かにしなさい!」と注意していたのを、あえてそのままにしておいて後でゆっくり話を聞くといったような手立てを講じられるようになりました。

目の前の子どもの姿だけに気をとられるのではなく、視野を広く確保して、子どものこれからの成長を見据えた働きかけができるようになったのです。この違いは大きい。ちょっとかっこいい言葉で言うと「子どもの成長を信じられるようになった」のだと思います。

子どもたちの行動に変化が生まれた

山梨でのキャンプの後、二学期が始まってからは、私の行動に明らかな変化がありました。

それは、子どもを叱らなくなったことです。正確には、叱ることはあっても、キレることがなくなりました。それ以前は、子どもにキレてしまっていたこともあったのですが、それが減ったという自覚があります。

それに、自分を大きく見せよう、他の先生に「ちゃんとできる」ことをアピールしようという気持ちがなくなって、とても楽になりました。一学期は、授業をしていても、他の先生へのアピールのためという意識が大きかったのが、「いまここに立って教えているのは子どもたちのためなんだ」という意識に切り替わりました。それに伴って、子どもたち一人ひとりに向き合って声を掛けられるようにもなったんです。

そういう変化を実感したのが、音楽会への取り組みの最中でした。一〇月に音楽会があって、それに向けて子どもたちは練習していきます。音楽の先生と、学年主任の先生に相談して、夏のうちに指導方針やスケジュールについて話し合ったのです。その話し合いを経て、私自身も納得して決まった方針は「子どもたちが自ら動くような音楽会にしよう」というものでした。

さっそく、その方針に従って、子どもたちにはスケジュールを提案。さらに「どんな音楽会にしたい？」と問いかけました。この問いかけに対して子どもたちで話し合ってもらったら、その次に「そのためにクラスではどう取り組む？」と聞きました。子どもたちが出した結論は「練習前に円陣を組もう」というものでした。

すると、子どもたちの行動にも変化がありました。

例えば、音楽が好きで得意な女子が、音楽が不得意で全然できない男子たちに教えてくれるようになったのです。また、男子たちも「やばい、今週までにがんばってやらないと」なんて言いながら音楽室に行くようになりました。私が「早く行きなよ」と声をかけなくてもよくなったのです。これまでの姿からすると、これは大きな変化でした。

私が「嫉妬」しなかったのはなぜだろう?

その後、年が変わり、大変だった四年生たちも五年生になりました。私はその学年の担当からは離れ、二〇一九年は新たに六年生のクラスを担任することになりましたが、彼らが変わりつつある姿を直接見たり、人づてに聞いたりしていたんです。

例えば、四年生の時は授業中に暴れていた子が、五年生になったら席に座ってちゃんとノートをとっているというような話を伝え聞いていました。あるとき、こんなエピソードを聞きました。保健室の先生が「どうしてあなたは席に座って授業を聞くことができるようになったの?」と聞いたところ、「先生が替わったから」と答えたというのです。

普通に考えると、これは、ショックな話です。私が担任をしていた時は授業を受けることができなかったのに、五年生になって先生が替わったことで、ちゃんと受けられるようになったというのですから。

ところが、私はその話を冷静に受け止めました。不思議なことに、ショックはまったく受けませんでした。

そこで、どうしてショックを受けないんだろうと自問してみました。

まず最初に思ったのは、私の役割は、その子の四年生の一年間を受け持って、その先へ橋渡しをする大人の一人なんだという意識が強くなったからだということ。六年生の担任をしていると、その子が一年生から五年生になるまでに積み上げてきたものがありありと見えます。それを目の前にして、一年生から五年生までを担任してくれた先生たちに感謝する経験ができていたのは大きいと思います。

なにより重要なのは、その子の成長を見届けられたという喜びでした。たとえそこに私が関わっていなかったとしても、その子がちゃんと成長できたという事実が重要なんだと心の底から思えるようになった。

もしも、ＴＩに参加する前に同じことが起きていたとしたら、私はすごく嫉妬していたと思います。おそらく悩んでしまったでしょう。自分が担任として変えられなかった子が、別の先生が担任になったら変わっているのは悔しいという気持ちになったはずです。

でも、そうならなかったのはＴＩを通して、「個別暫定解」という言葉を知ったからでもあるし、「子どもの成長を見るのが好きなんだ」という自分の原点を見つめ直したからでもあります。その子の成長を感じられて、自分が成長させることができたかどうかはどうでもよくて、その子が成長できたこと自体に喜びを感じられるようになった。今までのガチガチに肩肘張った状態とは違う、広い視野で物事を見る余裕を持つことができるようになったということなのでしょう。

そうやって、少しはゆとりを持って――まだまだ若干ですけど――しなやかさも手に入れて仕事ができるようになったのは、ＴＩでの気付きとそこで出会った仲間たちのおかげなんだろうと思います。

コロナ禍での挑戦

二〇二〇年は、新型コロナウイルスの影響で通常の学校生活もままならない年になりました。公立小学校で、ＩＣＴ環境もなかなか整わない中、何ができるのか悩んで、とにかく動かなければという思いから、ＴＩのオンライン講座でも学ぶことにしました。

ＩＣＴ活用の実践課題が出され、考えた末に、手探りでオンライン英語学習に取り組みました。今年から小学校でも英語が必修科目になったものの、新型コロナウイルスの影響で、英語が母国語の外国語指導助手（ＡＬＴ）の来校が難しい状況があったのです。子どもたちに生きた英語を学んでほしいという思いから、オンラインで何かできないかと探り始めました。

ところが、私がいる自治体ではＩＣＴ活用はまだまだ途上で、学校で活用できるオンラインツールは、今メジャーなＺｏｏｍ（ズーム）やＭｅｅｔ（ミート）ではなくＳｋｙｐｅ（スカイプ）のみ。最初はＳｋｙｐｅじゃ無理かな……とあきらめが頭をよぎったのですが、何事もチャレンジしなくては始まらないと思い直しました。同僚の先生に「オンラインでＡＬＴの先生とつないだ外国語授業をしてみたいのですが……」と相談し、協力していただけることになったのです。私の学校では、オンライン授業の前例はほとんどありませんでした。初めてのことに、当然心配する声もありましたが、一度だけ試験的にやらせてほしいと校内を説得して臨みました。

実施前に、接続テストや音声チェックをするなど入念に準備を行ない、いよいよ迎えた当日。実際の授業でも接続はスムーズで、子どもたちは画面をしっかり見て、食いつくように先生の発音をよく聞いてまねしていました。

想定外だったのは、普段の授業ではやや斜に構えている男子生徒や、内気な女子生徒までもが、外国人講師の口元をまねして真剣に発音練習に取り組む姿を見せてくれたことです。マスクがないので、口の動きやジェスチャーが伝わりやすく、フラッシュカードを使った単語練習もタイムラグなしでできました。それどころか、課題が早く終わった生徒はパソコンのそばまで来て、講師と話そうとしていたのが驚きでした。

この体験を通してしみじみ感じたのは、ネイティブの専門家による生きた授業は、生徒たちを刺激して学びに向かわせる力があるということ。小学校の授業では、英語力そのものよりもコミュニケーション能力を育てることを大切にしています。まずは英語に親しんだり、外国の方と実際に意思疎通できた体験が学ぶ意欲につながることを実感しました。

そして何より嬉しいことがありました。この授業がきっかけで、学年団全体でオンライン

外国語授業を取り入れようという動きができたのです。オンライン活用に慎重な先生方も、生徒の前向きな変化があれば、積極的に動いてくれるのだと感激しました。

他にも市の外国語部や東京都教職員道場など、様々な学びの場に参加しています。将来は日本人学校に行って働きたい、海外に出たいという目標もあります。

コロナ禍であっても、今後もなるべくいろんな人に関わっていきたいです。自分から学校の外にも飛び出して、いろんな人の多様な価値観に触れてみたいのです。その上で、そこで得たものを子どもたちにも還元できたらいいなと思っています。

2 カリスマ教師症候群を超えて

私立かえつ有明中・高等学校
田中理紗 先生

田中先生からは「カリスマ教師症候群」という言葉（田中先生の造語）を教えてもらいました。クラスという一国一城の主であり、教科の専門家である教師は自身の授業力を高めることに真摯に取り組みます。そのことはややもすると、隣のクラスとの学力の差を生み、それが進むと孤立や先生間の衝突にもつながります。「自分は一生懸命やってるだけ！」「みんなだってやればいい」、努力するがゆえに、そんな思いも芽生えるかもしれません。そこからどうしていくか、それは多くの先生が出会う分岐点なのかもしれません。すべての児童生徒には豊かな学びを得る権利があります。そして、やり方はそれぞれだとしても、どんな先生との相互作用からでも、必ず学びは起きていくはずです。自身の授業力の外側にある可能性に田中先生がどのように気付き、一人でも多くの生徒に豊かな学びを届けるために、生徒に、そして同僚にどのように関わるようになっていったのか、多くの先生が抱える葛藤の一歩先が、田中先生のストーリーからは垣間見えます。

「いい先生になりたい」から ありのままを出せる場所づくりへ

帰国子女としての経験、自己有用感を求めるように目指した「いい先生」。コミュニティと新しい学びを得たことで、子どものため、学校のためをシンプルに考えられるようになった。

田中理紗

ごく当たり前のことのように聞こえるかもしれませんが、TIの21世紀ティーチャーズプログラムに参加する以前、私は「いい先生になる」ことを常に意識していた気がします。「いい先生ですね」と保護者から言われたい。子どもからも言われたいし、同僚からも言われたい。そう思っているから、「いい先生」と言われるような行動ばかりしていました。例えば、保護者から「うちの子をもっと勉強させてください」と言われたら、その子に「もっと勉強しなさい」と伝えるといった具合です。

結局、いろいろな他者からの要求を満たして「いい先生」と思われることによって、実は自分の有用感を満たしていたのです。そのことに気付かされたのは、ＴＩのプログラムに参加したことがきっかけかもしれません。

目立たないように、余計なことはしないように

教員になってからの話をする前に、少しだけ私自身の子ども時代のことをお話しします。

幼稚園から小学三年生までと、六年生～中学三年までを海外で過ごしました。そのため、帰国子女として日本の学校に二回の転入経験があります。転入時の学校生活には、いずれもいい思い出がありません。なぜなら、私はとても異端な存在でしたから。周りの子とは「ちょっと違う」ということを、常に意識させられたのです。

例えば、授業中に先生から「意見のある人はいますか？」と問われた時に、小学生も中学年ぐらいになると、ほとんど手を挙げる子はいません。ところが、私だけは毎回挙げる。すると、「あの子、ちょっと変だよね」なんて言われてしまいます。また、リレーで「内側からは抜いてはいけない」というルールを知らず、私が内側から抜いたところ、私のクラスが負

けてしまいました。この時は「理紗ちゃんのせいだよ」と言われました。とても怖かったのを覚えています。「みんなと違う」ということがすごくクローズアップされる。しかも、それを責められるという大変な世界に来てしまったと感じました。

高校入試のために戻ってきた時は、私ももう少し大人になっていましたし、以前にそういう経験をしていたので、帰国子女であることを隠していました。例えば、英語の授業。本当はすらすらと話せるような文章でも、わざと「アイ、アム、ア……」なんていうたどたどしい発音をしていました。

心がけていたのは、極力、日本の、周りの世界観に合わせて、とにかく目立たないよう、余計なことはしないようにということ。今はずいぶんと変わってきたと思いますが、当時は東京の私立高校でも、帰国子女なんてごく少数でした。今思えばありのままでいることが危険だと考えるきっかけだったように思います。

この時は同時に、日本の英語教育に対する疑問も抱きました。みんな難しい単語も知っていて、私が読むようなものよりも難しい文章を読解できるのに、全然しゃべれない。「どうにかできないものか」と考えて、英語教育を専攻することを目指して大学に進みました。

最初から先生になろうと思っていたわけではないのです。教育実習では、中学も高校も両方に行きましたが、どちらもすごく楽しかった。工夫すればするほど反応が返ってくる感触がありました。「これでもしも子どもたちが英語もできるようになったら、こんなに楽しいことはないな。やっぱり先生になろう」と、その時に思ったのです。

新卒のタイミングは、かえつ有明中高が帰国生の受け入れをちょうど始めた頃でした。当時、そこで教頭だった石川一郎先生（現21世紀型教育機構理事）からお声がけいただいて、「帰国生がちゃんと生活できる学校をつくろうよ」という言葉に共感したこともあり、同校に勤めることを決めました。

石川先生も私も帰国生として過ごした経験があり、学校へ行きづらかったという体験をしていました。そのことから「帰国生が生活しやすい環境を整える」「帰国生向けに魅力あるプログラムをつくる」ことに力を注ぎました。

放課後に、日本とは違う学習過程を経てきた生徒向けの補習をしたり、英語で行なう授業を取り入れたり、色々と試していったのです。帰国生を受け入れる文化が学校全体にできてくると、「かえつは帰国生に優しいらしい」ということが徐々に広がりました。最初は帰国生は一〜二人だったのですが、現在は生徒四人に一人が帰国生という状況です。マイノリティの生徒が〝生きやすい〟環境は、結果的に他の人にとっても優しいですし、多様性があるので突飛な発想が生まれやすいと感じています。

自分をさらけ出しても大丈夫な場

ＴＩのプログラムに参加したのは二〇一七年の夏、教員になって八年目のことでした。当時の私は、学校がとても狭い世界だと感じるようになっていました。先生たちはもちろん、子どもたちもこの世界観しか知らないというのは本当に大丈夫なのだろうか……と思うことが増えていたのです。

そこで、学校をもっと開いた場所にしたいと思い、自分自身がイベントに出かけて行って学校外の人たちと交流したり、外の人と一緒に授業や活動をやったりすることを始めていました。これがとても楽しかったこともあって、外とつながる活動が、学校にも子どもたちにもきっと意味があるんじゃないかと思っていたのです。

そんなタイミングで、Ｆａｃｅｂｏｏｋ（フェイスブック）でＴＩの記事を見かけ、これは面白そうだなと感じました。知り合いの先生が記事をシェアしていたりして、何度かＴＩについて見かけることもありました。

ちょうどその当時、私は外部の研修に行きたいモード全開でした。そこで、ＴＩを含めて興味がある研修プログラムをいくつか選び、どれかに行かせてほしいと管理職に対してプレゼンしました。すると、ＴＩのプログラムに名前があった鈴木寛先生や米倉誠一郎先生といった顔ぶれを見た上司が、「きっとこれは面白いんじゃないか」と言ってくれ、TIに行けることになりました。実は私は、その著名な方々のことをほとんど知らなかったのですけれど……。

TIのプログラムで最初に行なわれるキックオフキャンプ。初日は不安しかありませんでした。それも当然です。だれも知っている人がいないのですから。

内心では「大丈夫かな、やっていけるだろうか」とドキドキしつつ、プログラムが進みました。チェックインしたり、自分のストーリーを語ったり、ペアでインタビューしたり。

いま振り返ってみると、三日間のいろいろなワークを通じて、私の中には徐々に「ここにいても大丈夫なんだ、何を言っても平気なんだ」という感覚が生まれていったような気がします。チェックインやチェックアウトという、みんなが自分の正直な気持ちや不安を共有したりする場があることで、「自分だけじゃないんだな、他の人はこう思ってるんだな」と実感することができたのです。

キャンプの最中に何か具体的なすごい体験があって、「あそこで自分が変わった!」とか「これを得た!」ということがあったわけではないのです。なにしろTIでは、スキルもノウハウもなにも教えてくれませんから。

でも、参加者にとって安心かつ安全の場になるような仕掛けがたくさん用意されていました。そのことで、コミュニティ全体に「ここでは自分をさらけ出しても大丈夫なんだ」という安心感が醸成されていったんじゃないかなと感じています。

「絶対いいものができるはず！」

キャンプが終わって、プログラム中盤では、チームでワークショップを開発するラボ活動にチャレンジしました。

これはものすごく大変でした。関西から参加していた先生たちがチームの半分くらいを占めていたので、ミーティングはいつもＺｏｏｍを使ってオンラインで行ないました。ところがみんな忙しすぎて、オンラインでも人が集まりません。なんとか集まって議論をして「よし、ここまでできた！」と思っても、次のミーティングでは必ず誰かが「そもそもこれって、何のためだったんだっけ……？」なんて言い出す。全部最初からやり直しになってしまうことも多々ありました。

ＴＩでは「意図はなにか」という問いがあります。それが常にみんなの頭のどこかに宿っているために、話し合っている最中でも、その問いがふわっと思い出されてしまうのです。

「そもそも意図は何だったんだっけ？　私たちは何のためにこれをやろうとしてたんだっけ？」と戻っていくと、意図とデザインが合っていないことに気付きます。そうなると、「もう一回、なんのためにやるのかの部分から確認しよう」といった具合に、延々と議論を繰り返すことになります。当然、期限ギリギリまで完成しない。それでも、そんなやりとりができることも、すごく楽しかったのです。

相当タイトなスケジュールなので、最初のうちは「こんなペースでできるのか？」という葛藤がお互いの中にありました。それでもやっぱりチームの人間関係ができているので、「絶対いいものができるはず！」という確信みたいなものが私の中にありました。最終的には「もう課題が終わらなくても、このチーム

でやりきった結果なんだからいいか」というような気持ちにもなっていきます。

ワークショップや授業というものは、〝本当にいいもの〟をつくろうと思ったら、そんなに簡単にできるものじゃない。いいものをつくるというのはそういうことだったんだと、改めて気付かされました。


TIのコミュニティには、勉強会を開催していたり企画してくれる人たちが何人もいて、そういう場に参加することによって、さらに学ぶ機会が得られます。また、それ以外のさまざまな勉強会に行っても、なぜかTIの先生方と会ってしまうことが多いのです。そんな人たちと出会って、つながれて、一緒にああだこうだと言い合える……。私にはとても貴重な経験でした。

安心かつ安全なコミュニティで、ありのままの自分を認めてくれる。私はここにいてもよい存在なんだというのが保障されているのです。

やがて、子どもとの関係性や学校の職員同士の関係においても、必死に「私はここにいてもいいのだろうか?」という問いを自分に繰り返す必要がなくなってきたように感じました。それまでは「ここにいてもいい」という答えを得るために必死でした。それが、無理をして自分の有用感を満たさなくても大丈夫だと思えるようになった。すると、私自身のためではなく、子どものため、学校のためということをシンプルに考えられるようになったのです。

世界を変える〇・一パーセントプロジェクト

自分で言うのもおかしいのですが、ＴＩに参加する前も、私は生徒たちのためにそれなりに面白い授業を展開していたと思います。学校外からゲストを招いて何かプロジェクトを行なうと、生徒は面白いと言ってくれる。「田中先生がいてくれたから、面白い授業でうれしい」という言葉が、私にもうれしかったのです。

でも、ＴＩのプログラムが進むにつれ、「私が面白い授業をしてあげることが〈正義〉じゃないんだ」ということに、なんとなく気付いていきました。

そこで、ＴＩの最後の課題として出された授業実践では「世界を変える〇・一パーセントプロジェクト」というテーマを考えて、週に一時間の総合的な学習の時間を使いながら、半年間取り組んでみました。

これは、中学校三年生を対象に「世界をよい方向に、〇・〇〇〇〇一パーセントでも変えるプロジェクトを提案する」というお題を提示。生徒自身がテーマを探し、彼らが発表したい方法で発表してもらうものです。この授業では、私が想像していたよりも面白いプロジェクトがたくさん立ち上がっていきました。

ある女子のグループでは、フェアトレードをテーマにしました。フェアトレード商品を実際に販売する発表スタイルにすることを決め、そのためにカルディコーヒーファーム（食品の輸入・開発・小売店チェーン）の社長さんに直接会いに行ったりしていたのです。そして「フェアトレードとはなんぞや」ということを発表しました。

男子のチームでは、「幸せとは何か」をテーマにしたグループもありました。彼らは「幸せとは、衣食住が満たされていることだ」という仮説を立てました。そして、この仮説を証明するために「ホームレスの人たちに会いに行こう」と、自分たちでホームレスを支援する団体に連絡をとって会いに行きました。

ところが、実際にホームレスの人たちにインタビューしてみたところ、彼らはとても幸せなんだということがわかります。生徒たちの仮説が崩れることになってしまいました。そこで彼らは「じゃあ、幸せって何だろう?」に立ちかえり、もう一度、初めから問い直していったのです。

結論は結局、衣食住だけではなくて、その人の中にある大切なことが満たされているのが幸せだというものになりました。中三男子が幸せについて三十分間、懇々と語り続ける姿は、私にはとても素晴らしいものに感じられました。

授業はモヤモヤするくらいがいい

とはいえ、私が何かしたわけではありません。生徒たちがやることを、私はただ「そう、やってみれば」と言って、見守っているだけだったのです。

仕掛けとしては、途中で中間発表の日を設け、様々なゲストに来てもらいました。そして、ゲストの人たちが、〇・一パーセントでも世界をよくしようと思ってやっていることを話してもらう。それを聞いて、生徒たちは「すごいなぁ」と感動します。

今度は彼らの番です。自分たちがやろうと思っているプロジェクトについて、話してみるのです。すると、ゲストが「すごいね」と言ってくれます。

狙いとしては、自分たちが「すごいなぁ」と思った人に「すごいね」と言ってもらえること。この経験は、間違いなく生徒のやる気を促進させるだろうと考えました。彼らを、もっとやりたい、やるしかないというような気持ちにさせたかったのです。中間発表という設定によって、待ったなしでやるしかなくなるという効果もあったと思います。

特に男の子たちは、とかくエンジンが回り出すのに時間がかかるので、そういう機会を提供することが必要です。子どもがやりたくなる、やらざるを得ない状況をつくっていく。そして、「あなたたちには世界を変える力があるよ」ということを、私はただただ言い続けていました。

それ以前は、「先生の授業はわかりやすいですね」とか「先生のクラスでよかった」と言われることがいいことだと思っていました。むしろ今は、授業はちょっとモヤモヤするくらいがいいなと思っています。

というのも、授業がわかりやすいと、自分で勉強しなくなってしまうのです。だから今は、「先生の授業だと全然すっきりしない」とか「モヤモヤする」なんて言われるほうがうれしくなっています。

私はそれまで、「田中先生のクラスでよかった」と言われることに、自己有用感を感じていました。「私がいる」ことで、クラスがよくなり、子どもたちが「よかった」と言ってくれる。そのことで幸せと満足感を得ていたのです。

ところが、今は「クラスに○○さんがいてよかった、□□くんがいてよかった」のほうがよいと感じています。「私」ではなくて、「友だち同士のつながり」によって、よかったと思える機会をつくったり、生徒が自分たちで工夫できるような仕掛けをしています。

元々、教員になる前からやりたかった英語の授業については、正直なところ、少し引いた姿勢になったのも変化のひとつです。英語の授業には、文法や単語など、やはり教え込まなければならない側面があるのですが、「それは本当に私のやりたいことじゃない」と気付いてしまったのです。

課題意識を持っていた「帰国生がありのままでいられる居場所をつくる」ということも、ある程度できるようになってきました。すると、子どもたちのやる気を引き出すような総合的な学習の時間のほうが楽しくなってきたのです。今は教科として総合的な学習の時間の主任をしていますが、もっともっと子どもたちに任せられるんじゃないかと考えています。

中学一年生くらいまでは、どうしても教師が仕掛けていくほうがメインになりがちです。一般に先生たちはすごく真面目なので、なかなか「先生」としての役割を手放せなかったり、必要以上に声を掛けてしまって子ども自身のやる気が徐々に削がれていってしまうようなことが、どうしても起きてしまうという印象があります。そんな状況を変えていくためのサポートがもっとできるといいなと思います。学校では「もっと生徒に任せても大丈夫ですよ」と励ましたり、「こういうやり方もいいかもしれませんね」なんて伝えるようにしています。

学び直し

ＴＩで学んでいる期間には、「本当に自分はこれでいいんだろうか？」という問いと、常に向き合うことになりました。その結果、その当時行なっていた授業や子どもとの関わり方が、そもそも私のやりたかったことではないのではないかと感じるようになり、「やっぱり学び直そう」と思って大学院の入学試験を受け、東京学芸大学の大学院に合格することができました。

しかし、私の職場は私立学校なので、それまで休職の仕組みがありませんでした。そこで、「大学院に受かったので、休職させてください。休職の仕組みをつくりましょう」と働きかけました。学校の上層部にお願いをして、翌年は一年間、休職させてもらいました。

大学院では国際バカロレア[*1]を研究しましたが、自分の研究内容に関わらず、いろいろと勉強する期間にしようと思っていました。

ちょっと教えてもらうとその先が気になる性質なので、ＴＩのプログラムで少しだけ触れた「システム思考[*2]」や「メンタル・モデル（83頁注参照）」、「氷山モデル」といった考え方を深く学び直したのもこの期間です。ＴＩのイベントで出会った仲間から国際バカロレアとシステム思考を同時に学べるプログラムがあると聞き、米国のボストンで開催された四日間のワークショップにも参加しました。

ＴＩで学ぶ前は、周りの思うようにならない事象を、自分ではない外部の原因のせいにしていました。例えば、「あの先生が悪いから」とか「あの生徒がやる気がないからいけない」といった具合です。

新しいことを学んで、これが変化しました。システム思考という考え方や氷山モデルなどのツールなどを知って、意図は何か、何のためにやるのか、今起こってる出来事がどういうことなのかを継続して深堀りするようになったのです。

そうするうちに、自分自身についても掘り下げていくので、日々の自分が客観視されてきました。もしかして自分に原因があるのかもしれないと気付けることが増えたのです。そし

＊1　国際バカロレア
国際バカロレア機構（本部ジュネーブ）が提供する教育プログラム。一九六八年、総合的な教育プログラムとして、国際的な視野とスキルを身に付けた生徒の育成と、世界共通の大学入学資格（国際バカロレア資格）を与え、国際的な大学進学へのルートを確保することを目的として設置された。認定校に対する共通カリキュラムの作成や、世界共通の国際バカロレア試験、国際バカロレア資格の授与等を実施。

＊2　システム思考
システムの技術的な定義は、「何かを達成するように一貫性をもって組織されている、相互につながっている一連の構成要素」。要素と要素が、お互いにつながり合っていて、何かが変わったり動いたりすると、ほかも変わったり動いたりする。そんな機能を持ち、つながり合った総体のことをシステムという。家族や学校もシステムととらえられる。

て、以前よりも少しだけ全体が見えるようにもなっていきました。

それまでは「自分」と「自分以外」という見方だったのが、実は自分も仕組み（システム）の一部で、今現実に起こっていることに関係していて、原因をつくりだしている可能性だってあるという見方に変わっていったのです。

例えば、職員会議の雰囲気がよくないとします。この場合は、「職員会議の雰囲気がよくない。私だって職員会議の一部なんだから、私にも原因がある。こういう状況を私は変えようとしていないから、私にも責任があるんだな」という感覚です。

この感覚が得られてから、物事の見え方が変わりました。

例えば、自分がイライラした時に、「これは私のどういう感情やニーズが原因なのかな」ということを改めて考え、イライラを静めることができるようになったのです。また、誰かが怒っている時に、「この人は何が満たされていなくて、怒っているのだろう。私がどういうことをしてあげれば解決できるんだろう」と考えることもできるようになりました。

これによって、嫌なことが減りましたし、無駄なイライラも起こらなくなりました。でも、他の人のせいにしていた頃のほうが、ある意味、楽だったのかもしれません。なぜなら、自分にも責任があるとわかると、その分、どうにかできるんじゃないかと思うようにもなりますから。そういう意味では、ちょっと悩みが増えたかもしれません。

クラス間にひずみが出る理由

授業についても、気付きがありました。

それまでは、私が何かを「やってあげる」ことが正義だと思っていたのが、それによって子どもが駄目になっていくパターンもあるかもしれないと考えるようになったのです。

この「やってあげる」という感覚は、もしかしたら、有用感や承認欲求を満たしたいという私のニーズから来ているのかもしれない。「いい先生と思われたい」という気持ちが前に出過ぎているのかもしれないということに気付き、子どもたちとの関わり方も変わってきました。

以前は、自分の授業が成立すればいいと思っていましたし、私のクラスがよければいいと思っていました。でもそうやって自分のクラスに力を入れれば入れるほど、他のクラスと差ができたり、「田中先生の授業でずるいよね」なんてやっかむような声も聞かれるようになる。それによって学年全体にひずみが生まれてくる。担当していたクラスや学年の先生が翌年やりづらさを感じていたのではないかと今はふりかえっています。

でも、その頃の私は、「他の先生も、私と同じぐらい頑張ればいいのに」と、他人のせいにしていました。

中高は教科も別々のクラス担任制という構造がある以上、「あのクラスはいいな」とか「あの担任の先生がよかった」ということを、生徒も保護者も言います。教科別のテストでも各クラスの平均点が出てしまうことがあります。

これだと、構造的な要因で、先生たちも「他のクラスの担任よりもいい先生だと思われたい」とか「よりよい点数を自分のクラスでは出したい」と無意識かもしれませんが、考えてしまうこともあると思います。先生だって人間ですから、「いい先生」と思われるように行動してしまう。それが普通です。だから、クラス間の歪みを生んでいるのは、構造が原因。先生個人のせいではないと思うのです。

みんな「いい先生」になりたい

こんな考えに至った私ではあるのですが、完全に変われたわけではありません。今でも一対三〇という状況で生徒の前に立つと、わかりやすい授業がいいと考えたり、「田中先生のクラスでよかったと言われたい」とか「いい先生だと思われたい」という気持ちが心をよぎることがあります。そうでないと居心地が悪いという自分に出会うこともあるのです。

これは、多くの先生が陥りがちなところだろうと感じています。自分一人対三〇人の生徒とか自分一人対二〇人の保護者という状況、あるいは職員室の中の人間関係で、多くの先生方が「いい先生」を目指し、よくもわるくもそう思われるように行動することが起きているはずだと思います。そして、それは学校全体、あるいは教育界全体で起きているような印象もあります。

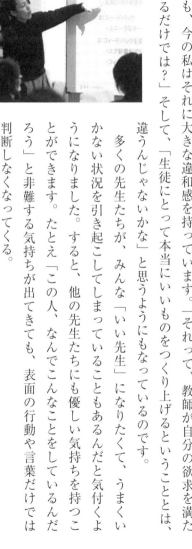

でも、今の私はそれに大きな違和感を持っています。「それって、教師が自分の欲求を満たしてるだけでは?」そして、「生徒にとって本当にいいものをつくり上げるということとは、違うんじゃないかな」と思うようにもなっているのです。

多くの先生たちが、みんな「いい先生」になりたくて、うまくいかない状況を引き起こしてしまっていることもあるんだと気付くようになりました。すると、他の先生たちにも優しい気持ちを持つことができます。たとえ「この人、なんでこんなことをしているんだろう」と非難する気持ちが出てきても、表面の行動や言葉だけでは判断しなくなってくる。

つまり、「この人も〈いい先生〉になりたくて、こんな行動を起こしてるんだな」と思えると、その先生を責める気持ちが消えていきます。そして、もし私がその人の行動を変えたいと思うのであれば、彼もしくは彼女が「いい先生」なのだということを伝えてあげれば、もしかしたら変わるかもしれないと考える。その先生の自己有用感や存在意義を大切にして、満たしてあげることを考えるのです。

私の働きかけに気付いてもらえるかもしれないし、もしも気付いてもらえなかったとしても、それはそれでいい。その人が変わらないとしても、今はそのタイミングではないんだなと納得し、その人なりの状況や理由があるんだろうと推測できるようになりました。今は教員同士の話し合いでも、「誰々が悪い」と考えるより、ちょっと違う視点から話してみることを意識しています。

学校自体が安心かつ安全な場になれば、対立するようなことも減っていくのだろうと思いますが、世の中、まだまだそうとは言えない状況かなとも感じます。安心・安全のコミュニティを学校の中でもつくれたら、きっと先生たちももっと生きやすくなるはず。そして、学校が安心してお互いから学べる場所になるということは、TIに参加して気付きました。

今の私には、もっとお互いに学び合えるような職員室にしたい、学び続ける学校をつくりたいという気持ちがあります。

学びがもう完成したというような態度には、私もなりたくないし、そんな学校にもしたくない。他の人と一緒に学び続けられるように、私にはどのようなことができるんだろうと、

日々、考えています。

私自身は「いい先生」像から自由になれたことで、ありのままの自分と自己一致して話せることが多くなったと思っています。

以前は教員という「役割」から何を話すべきか、と考えていました。今は「ひとりの人間としてどう話そうか」と考えています。自分自身のありのままを出すことで、役割からではなく本当に心にある言いたいことを話せるようになってきたと感じています。また、今の私は、苦しそうに過ごしている他の先生のお話を聞くこともあるので、日本中の学校がもっとありのままを出せる安心・安全な場所になれるといいな、みんながもっと自由でハッピーな場になれるといいなという願いを持っています。

授業「世界を変える〇・一パーセントプロジェクト」で学んだこと

かえつ有明高等学校三年（二〇二〇年当時）
樋口 葵くん

男子三人のチームで、授業ではなかなか乗り気になれないまま、テーマを探していました。YouTube（ユーチューブ）で米国のホームレスの方がひどい境遇にある映像を見て、ショックを受けたことがプロジェクトの始まりです。日本にもホームレスの方がいることを知り、家を失った方の支援をしている「特定非営利活動法人てのはし」を見つけ、ドキドキしながら電話をかけました。先生に相談などはせず、自分たちで授業のことを話し、伺うことにしたのです。三回ほど、食事をホームレスの方々に配る活動のお手伝いをさせていただきました。冬場に制服のままのボランティアだったので、とても寒かったのを覚えています。

「衣食住が満たされていないなんて、不幸で、かわいそうな人に違いない」。そう信じていたぼくらは、実際の現場に触れて驚くことばかりでした。見た目からは全くホームレスとは思えないようなきちんとした身なりの方が多かったり、「ありがとう」というお礼の言葉に自分たちの方が元気づけられたり。勝手な思い込みや偏見で、ホームレスの方々を見ていることに気付かされたのです。

団体の方の協力で、北海道出身の方にインタビューもさせていただきました。人間関係がうまくいかなくて仕事を辞めてしまったこと、北海道では援助もなく、東京まで歩いてやってきたこと、でも、今は家がなくても満足していて幸せだということ……。その言葉に驚き、「幸せ」って一体何だろう、自分たちが捉えている「幸せ」って一人一人違うんじゃないか？と気が付きました。最終発表では「あなたにとっての幸せはなんですか？」というテーマでプレゼンを行ないました。

それまで、社会問題に触れる機会はあっても、実際に行動を起こすことはもちろんありませんでした。思えば、この〇・一パーセントプロジェクトは、世界への大きな扉を開けてくれた一歩だったように思います。見ず知らずの人に電話をかけるとか、小さいけど自分たちでチャレンジした経験はその後も支えになりました。ただ傍観者として見ているのか、自分が当事者としてその問題に関わっていくのかには、大きな差があります。踏み出した一歩によって、自分たちが社会の一員として貢献していくという気持ちになり、その後も色々なプロジェクトに取り組んでいます。

同じチームだった仲間とは、今でも〝社会でこうしてゆきたい〟といったことが話せるようないい関係です。ただの遊び仲間にとどまらず、答えがない深い話を一緒に探究したからこそだと思っています。

最初は、先生が前に立つ普通の授業とは全然違っていて、なんだこれ?と思っていました。田中先生はこの授業ではサポートに徹していて、ああしなさい、こうしなさい、と言われることもなかったです。当時は中三生で「なんでこんなことやるの?」と反抗的な態度をとる生徒もいましたが、それも受け入れて、生徒の主体性を大切にしてくれていた気がします。最終的には自分の中にあるものをアウトプットすることができて、ただの座学では得られない学びのあった授業でした。

実は、田中先生がクラス担任や英語の授業で担任だったことは一度もないのですが、高校生になってからも、ぼくがインターネット依存について調べている時に、東京大学の方を紹介してくれました。「なんでも手伝うよ!」と言ってくれて、いつも挑戦の機会を開いてくれる先生だと思っています。

3 教師の矜持

東京都公立小学校
中楯浩太 先生

中楯先生は初めて出会ったときから印象に残る方でした。教師としての大いなる実績、誇りと、研修に対する明確な目的意識を持っていました。だからこそ、「想定と違う」TI の学びに誰よりもやきもきし、いらだったのだと思います。そんな中楯先生とお会いしてから 4 年、決して変わらないところと、会うたびに変化するところがあります。変わらないところは児童への深い愛と「学び」に向かう姿勢、変化するところは現状を捉える視点です。誰よりも学びに真摯であろうとする中楯先生だからこその苦しみと、内省、そして進化のストーリーには長編小説のダイジェストを読んでいるような凄みがあります。人事異動は公立の学校に勤める先生の一つの宿命であり、そのことが大きな転換点にもなり得ます。そうした変化を学びの機会にし、新たな挑戦に向かっていく中楯先生の姿には、一人でも多くの子どもに豊かな学びを届けようとする気概と、そのためには自分が学び続けなければいけないという教師としての矜持が表れています。

這い上がったからこそわかるTIの価値

教科教育に打ち込み、その分野の専門性を深め、さらに最先端の教育を学びたいと、TIに参加。メンタル・モデルのアップデートと対話の重要性を体感し、苦しみを経て学んだ。自分が変わった。職員室が変わった。

中楯浩太

動機は最先端の教育を学びたかったから

TIへの参加を決めた最も強い動機は、名だたる講師たちから、最先端の教育が学べるんじゃないかと思ったからです。

でも実は、今にしてみるととっても恥ずかしいのですが、中学校や高校の先生に、小学校の教科教育の現状の授業を見てもらいたい、全国に発信したいという思いも強かったのです。

もともとは、ぼくは教科教育――社会科教育に力を入れていました。教師になって三年目に、社会科に深い専門性をもつ先輩と出会い、地域へのフィールドワークをきっかけに社会科にはまり、ありとあらゆる研究会に参加するようになりました。

毎日のように関連図書で学び、授業用の自作資料を作ったり、研究会に参加して研究授業を実践したりしていると、子どもの伸びは目に見えて違いました。

ＴＩに参加したのも、最初は、「子どもは、鍛えればここまで伸びる」ということを他の先生たちに知ってもらいたいと思ったからです。小学生でもここまで思考力は高まって、興味・関心と生きる力、エネルギーが高まる教育ができるんだということを訴えたい気持ちがあったのです。

特に東京の公立中学、高校の授業を参観するにつけて、ぼくたちが学生の頃に受けた教育と何にも変わっていないと感じていました。先生方から出てくる言葉は「クラブ活動や生徒指導が忙しいし、入試対策が必要だから授業を問題解決的に工夫している時間なんてない」。加えて、「もう専門性は高いから、学び合う必要はない。自分で学べばいい」。誰に聞いてもそんな感じで、いやいや、子どもってここまで伸びるのだから、もっと中学校で伸ばせませんか、高校でもっとできないですか、と思いながら、ぼくたち小学校でやっている教育を知ってもらいたいと思っていたんです。

今ではもう、そう考えていたこと自体が恥ずかしいのですが、当時のぼくには、正直なところ、ＴＩでみんなと何かを共有したり、学んだりしたいという以前に、そういう思いが半分はありました。

でも、そうは思いつつも、一方では心の底で気付いていたこともありました。どんなに専門性を高めて、子どもが伸びていようが、「この状況はよくないぞ」というのがあった。何かごまかしてるような、小さなトゲみたいなものが胸に刺さっていたから、ＴＩに向かったところもあったと思います。

気付いていた問題

「この状況」というのは、子どもとの信頼関係です。

授業はうまくいっていても、子どもとの信頼関係が築け

ていないのではと、常に感じていました。でも、一時間だけの授業を見ても、子どもと教師の信頼関係なんて、案外多くの人は気付けませんよね。実際のところぼくは今まで、指摘されたことは一度もありませんでした。ただ、本当にそういうことを大切にしている人には、その空気感や子どもたちの表情、飛びかう言葉のやりとりから、すぐに気付けるんです。

心の距離がとても離れていて、ぼくに対する信頼感が薄い子がいることを、ぼくは自分自身でわかっていました。ただ、授業はとっても盛り上がるし、非常に意欲的だから、それを見た先生方からは、「すごい授業で、あんな風にやってみたいです」なんて言われるので、ぼくは「勢いでごまかしているだけです」といつも自虐的に言っていました。

それまでぼくの授業では、学ぶ意欲がとんでもなく膨らみ、教室が熱狂的に盛り上がって学び続けられる集団づくりが実現していました。たいていはそうなるんです。あるやり方でこちらがエネルギーを持ってやると、九〇パーセント以上の子は盛り上がる。

けれど、その中で一人、二人、——本音で言ったら、もっと大勢いると思いますが——そういった授業をつらいと思う子が出たり、ついていけないという子たちもいたり、反発した気持ちが表れてきたり……。「ぼくはもっと落ち着いて、勉強がしたい」という子や「もう、これまでの授業のやり方に飽きました」という声も聞こえてきました。

そんなことからも、心のどこかで限界を感じてＴＩに向かったのかもしれません。

どん底に落ちた一年間

二〇一六年、前述のような思いでＴＩに参加しました。ＴＩでの学びは新鮮で、「学びの世界」をグッと広げ、「自分への理解」がグッと深まりました。自分の中で消化しきれなくてモヤモヤしていたのも事実だけど、もっともっと広い世界のことを学びたいと思うようになりました。そして、「幸福な教育」を目指したいと強く思えるようになりました。

自分の持っていた「こうあるべき」というメンタル・モデル＊が更新されるだけで、こんなに幸せになれるんだと感じ、それからというもの、どうやったら教育が幸福につながるかということだけを考えて、使命感を持ってみんなに伝えていきました。その思いは、当時の学校においても非常に生かされていたと思います。

ＴＩに参加したことでメンタル・モデルがアップデートされ、自分の見方が変われるという実感もあり、実際、この年は変わったんです。本当にハッピーな一年でした。

ところがＴＩを受けた翌二〇一七年に異動すると、何もかもが全くうまくいかなくて、どんどん落ち込んでいきました。ほころびが出て、自分のやり方の欠陥がはっきりとかたちを現すことになったのです。

クラスでのトラブルや保護者対応、職場での人間関係の悩みが絶えなくて、生まれて初めて、神社にお参りに行ってお祓いをしてもらうほどでした。それくらい全てが悪循環で、全然、うまくいかなかった。今、ようやく少し話せるようになりましたが、その頃は本当に毎日がつらくて、どん底にいました。

せっかくTIに参加して、様々な側面で上向きになったと思ったのに、その後結局駄目になってしまったのは、やはり、ぼくの中にそれまでと変わらない人間観や教育観が残っていたから。そこから派生する授業スタイルや子どもの見方や関わり方が結局のところ、変わらなかったからじゃないかと思います。自分が今までうっすら気付いてはいたけれど、向き合ってこなかったもの、ごまかし続けてきたこと等々、課題がすべて噴出した感じです。

そのときは気付かなかったのですが、今にして思えば、結局、それまでのやり方で苦しんでいる子や、そのやり方を否定して反発していた子に対して、本気になって向き合ってこなかったツケが、出たんだと思います。

＊　メンタル・モデル

「私たち人間の行動や態度は、私たちがもつメンタル・モデルによって形づくられる。それは、私たちが自分自身について、その他の人について、また制度やその他のあらゆる物事について、心に抱くイメージや前提やストーリーである。メンタル・モデルは、普通は言葉にして表されることがなく、意識の底に潜むため、あまり検証されることがない」（『学習する学校』ピーター・M・センゲ著・リヒテルズ直子訳　英治出版　159ページより引用）

「着任したときには光り輝いていたのに、みるみる光を失って、ほとんど存在感がなくなっていったよね」と、当時を知る同僚からも言われたほどです。

どん底まで落ちました。毎日朝起きると、「また今日も一日が始まるのか……」と、一刻もはやく一日が過ぎてほしかった。職場に向かう足取りが重くて重くて、本気で教師を辞めようと思いました。「自分が教師でいることで、多くの人を不幸にする」。

その時は本当に辞めるつもりだったのですが、ある出会いがきっかけとなり、教師としてのリハビリがうまくいったんです。もしもその時辞めていたら、ＴＩの価値についても、ここまで見いだすことはできなかったんじゃないかと思っています。落ちて這い上がるという経験を経たからこそ、本当に実感できるようになった価値があります——。

「中楯さんって、思ったより厳しいんだね」

その翌年の二〇一八年、ぼくはこれを教師最後の年にしようと決めていました。もう教師を続けていられないなと思ったのです。

そんなとき、学年を組ませてもらった同僚がいました。教科教育で最前線にいるような人だったのですが、その先生がすごかった。包み込んでくれるような存在で、その人がいると職場や空気があっという間によくなっていくのです。その先生と組ませてもらったことで、だいぶん自分の弱みをさらけ出すことができました。何でも聞いてもらえて、お互いに何でも話すことができるようになり、その方の存在で少しずつ癒やされていきました。

ぼくはその先生に出会うまで、そんなギリギリの状態にあっても模範的な教師でいたかった。自分の弱みを見せることに抵抗があったのだと思います。

その先生に最初に言われて、あぁそうかと思ったのは、「中楯さんって、思ったより厳しいんだね」という一言でした。最初は、「まあね、こういうスタイルだからね」なんて言ってごまかしていたのですが、ためしに自分が子どもたちに指導していることをノートに書き出してみたら、気持ち悪いほど叱っていました。生活指導面、授業中、給食中、登校中。何を注意していたかなとよくよく思い出して書き出してみると、自分でも驚くくらいたくさん出てきたんです。上履きのかかとを踏まないようにとか、給食中はこうすべきだとか、授業中のルールとか。あれもこれも……。

これを全部やらせようとしていたんだ……いや、そんなにできるわけないから、と自分でも思いました。

つまりぼくは、悪く言えば「担任色に染まった」子どもたちをつくっていただけなんです。やる気に満ちているようだけれど、それは結局、たくさんの「やらなきゃいけない」ことを何とかクリアできた子だけがそうなれていたわけで、そうじゃない子たちにとっては、息苦しいだけだし、そもそも、やらなきゃいけないことが多すぎた。それが「厳しさ」の正体だったんだと気付きました。

その先生はほとんど叱らないんです。全てを肯定する人で、その先生のそばにいるとみんな安心できるので、厳しくする必要がないんです、それはもう不思議なくらいに。それに照らしても、確かにぼくの「厳しさ」は必要ないな、と思いました。

そのことに気付いてから、ずいぶん内省が進むようになりました。

見えてきた価値

自分にとってTIでの最大の学びは、「こうあるべき」と考えている自分のメンタル・モデルに気付きやすくなり、絶えず更新し続けられるようになったことです。「これでいいのかな」「これ、どんな意味なんだろう」「自分はどうしたらいいんだろう」そういう問いを常に自分の中に内在できるようになったので、どんな状況にあっても、自分を常にそういう目で見ることができるようになりました。

きっかけはその同僚の先生の言葉でしたが、そこから内省を進めることができるようになったのはＴＩでの学びがあったからです。今まではこうすべき、こうあるべきと自分で課していたものが多過ぎた。ぼくの場合は、ちょっとしたことにまでつくっていた「べき」論が鎧だったのです。

それを取り払ったときに「自分はどうありたいのか」「自分はどうしたいのか」ということを意識して、動けるようになりました。

対話を重ねてつくった校内研究

少しずつ立ち直り、二〇一九年には、新しいかたちの校内研究を一年間かけてやってみました。非認知的能力*を育むために、一人一人の教師が探究したいこと

＊ **非認知的能力**
自分の気持ちを言う、相手の意見を聞く、物事に挑戦するなど、自己主張・自己抑制・協調性・好奇心などに関係する力（文部科学省資料より）

を生かしながら、自分事として学べる研究に取り組んだのです。

それまでやってきた国語、算数、理科、社会といった教科教育ではないので、誰も答えを持っていませんし、見通しも成果も目に見えにくい。だから、あえて、ゴールや仮説をはっきりとは設定しませんでした。子どもの姿から見えてきたことをみんなで対話し、紡ぎあって、そこから見えてきたものを目指すものにしようという校内研究であり、教員研修でもあり、言わば教師自身の探究学習でもありました。

教育目標は「自信・共感・自律」

通常の教員研修だと、先生たちはどうしても「子どもたちの課題」を言いたがるんですけど、それはやめようということにしました。課題なんて上げたらきりがないし、「子どもたちの課題」って、裏を返せば、全部教師の課題だから、それを子どものせいにするような言い方はやめようと決めました。

最初は、みんなで話し合う、思いを語り合うところから始めました。まずは自分たちがどんな教師かというところから始め、何を願っているのかを紡いでいったのです。ＴＩで学んできたいろんな手法を使って、目の前の子たちにこうあってほしい、こうだったら素敵だねと言い合いながら、とにかくみんなで対話をしながら大事なことを見いだすようにしました。だんだん打ち解けていく中で、みんなで導き出したのが、「自信・共感・自律」でした。お飾りではない、自分たちの魂がこもった目標です。校長先生にも相談し、従来の学校教育目標を検討し直して、みんなでつくったこの三つを学校の重点目標とし、校内研究のテーマにもしました。

「研究授業」というと、たいていは先進的な手法を用いたり、新しい教材を開発したりといったことになると思います。それだと結局は、どこかにある正解や目に見える知識や技能のインプットに終始してしまう。でも、ぼくたちが目指したい非認知的能力を育くむための目標「自信・共感・自律」はそうではない。その実態がどういうもので、どうすればそれが育まれるのか誰も答えを持っていないし、子どもの具体的な姿をもとにみんなで話しあわなければ見えてこない。だから徹底的な対話で紡ぎだしていくことが重要になると思っていました。

日々の授業を変える研究授業

それまでの校内研究のテーマは、社会科でした。ぼくもずっと社会科に取り組んできましたし、社会科のスペシャリストが集まった学校でもありました。校内研究といえば、研究授業を学年単位で月に1本ずつやるようなことが一般的です。しかしそれでは、専科の図工や家庭科の教師は入れません。すると、入れなかった先生にとっては、自分のものにならなくなってしまう。

それに、研究授業は事前に授業者を決めます。たいていは若手がやらされるか中堅が見せるかですが、学年三人で組んでいるとすると、誰か一人が授業して、あとはサポート……なんて、きれいごとでは言うけれども、しょせん、他人事になってしまう。たとえ自分が授業者だとしても、それが終わってしまえば、もうほとんど何もしない。いくら学校を挙げた取り組みといわれても、そんなやり方では、やっぱり本気になれないんです。

そこでぼくたちは、日々の授業をこそ何とかしたいという思いから、大々的な研究授業を行なうのではなく、一年間通してできる研究にしました。それも「自信・共感・自律」を育むという目標であれば、教科によらず、ありとあらゆる場面でできる。アプローチの方法も様々にあるから、自分たちがとにかくやりたいことを大事にして、何をやってみたいかというところからスタートしたのです。

互いにやりたいことをアピールし合いながら仲間を募り、教科に関係ない五つのチームができました。教科で自己実現しようというチームもあれば、プロジェクトアドベンチャー（PA）、Q-U（学校生活に関する満足度調査）を活用した児童理解、学校行事、リフレクション（内省的なふりかえり）を取り入れたチームもありました。これは先生がまず様々なリフレクションのやり方を学んで、日々の授業や子どもとの関わりをリフレクションし、それを子どもたち自身にもできるようにするチームです。その他にも、何をやるかよりも結局は「子どもの見方」をどう育むかこそが教師力でしょうと言って「見方」の研究をしたチームもありました。

年間計七、八回くらいの分科会で互いの進捗状況や取り組みの様子を情報交換し合いました。研究授業はあえて、授業者を決めずにおきました。それまでの対話の積み重ねもあって、この先生たちの雰囲気だったら、いつ、どのタイミングでどう決めたって、きっとみんなが名乗り出るだろうと思ったのです。予想通り、手を挙げる人がいっぱい出て、何と当選者を決めるようにくじ引きで授業者を決めました。

授業で「ありたい姿」に取り組む

非認知的能力を育てるため、ぼくが新たにとりくんだ授業でも印象に残っていることがあります。「ザ・ビジョン」というキャリア教育のプログラムです。元々は中高生向けのプログラムなんですが、小学生でも取り入れたいと思ってやってみたんです。

今、多くの日本のキャリア教育――ぼくの知っている範囲ですけど――は、将来何になりたいのか、すぐに子どもに夢を語らせて、そのゴールに職業をあてていく。そして、現状どこにいるかを見せて、「では、その間を埋めよう。今、○○が必要です」なんていう授業が多いと思います。

ぼくは、そのやり方がどうも好きになれずにいました。その「ザ・ビジョン」は、なりたいというよりも、どう「ありたい」か。「ありたい姿」を語る教材でした。「ありたい姿」というのは、別に仕事でなくてもよくて、生き方でもいい。周りの雰囲気でもいいし、心持ちでもいい。そういったものを自由に描ける機会というのは、今、特に必要だと思います。小学生にはちょっと難しかったのですが、試してみたのです。

目に見えるテストばかりを追いかけている状態で、決まった答えを書くことにばかり慣れているような子どもたちには、自由に「ありたい姿」を描くということが、逆にハードルが高いのでしょう。だから、ぼくの実践でも子どもたちの表現はなかなか進まなかったのです。しかし、時間がたつにつれて、だんだんと心を解放して描けるようになってきた。そして、子どもの驚くような姿を見ることができました。

彼女に芽生えた自信、それを感じられるぼく

その日のテーマは「自分のありたい姿を語る」で、公開の研究授業のときでした。クラスに、なかなか友だちの輪の中に入っていけないおとなしい感じの女の子がいて、その子をたまたま最後に当てることになりました。

いつも自分を出せずにいて、言葉がすらすらとは出てこない女の子なんです。このときも指名されてしばらくは黙り込んでいました。当てないほうがよかったかな、ちょっと間違えちゃったかなと思ったりもしたのですが、その子はそれでも、時間をかけて、ぽそっとこう言ったんです。

「すらすらとすぐに考えが思い浮かばなくても、これも私で、私らしくていいと思えた」。

続けて、「最初はクラス替えして不安だったけど、不安から楽しい、安心にどんどん変わってきます。慣れないことでも挑戦すれば慣れることがあると思っています。また新しい年になって、友だちをつくって、不安から安心に変えたいと思います」と。直接的な言葉ではなく、はっきりと見取ることが難しいけれども、彼女の中に確実に育まれている「芯」のようなものが感じられました。

こうやって言葉に出なくても、これでいい、これも自分らしいと思うと言ったその言葉。そんな自分を受け止めている感じ、自己受容を感じて、「ああ、ぼくはこういうことを目指していたんだ」と思いました。

この子は、四年生のときは、先に紹介したすてきな先生のクラスでした。四年生のときはおおらかな先生のクラスにいて、彼女はきっと安心して暮らしていたと思います。その後の担任がぼくで、やっぱりすごく不安だったと思います。こういう熱っぽいタイプの男の先生は初めてだし、なかなか安心できずにいて、友だち関係もうまく築けない。やっと何人か友だちができてきたかなと感じても、自分からはなかなか中に入っていけなかった。

だけど、それがだんだんと楽しい、安心に変わってきた。最初はできなくても、挑戦――彼女の言った「挑戦」って友だちづくりのことだと思うんですけど――挑戦すればできるということを、彼女は学べたんです。新しい学年、新しい環境になっても、私は何とかなるって、今年も何とかできたから、私ならいける、そういう気持ちだと思うんです。自分のことをありのままに語れる、それを受け止め合えるという、そういうプログラムだったから、彼女は「これが私なんだ」と言うことができたのだと思います。

ぼくはそこに「自信」を感じました。ＴＩのプログラムの、エッセンスとでも言えばいいのか、「自分を受け止める」「自分を信じる」「自分らしくていい」それを受け止め合える場づくりによって、彼女には自信が芽生えてきたんだろうなと思います。

おそらく、ＴＩのそのプログラムの中にも言語化できてはいないけれど、そういったエッセンスが注ぎ込まれていて、それをぼく自身が感じ取ることができたことも、大きかったように思います。

本来、ぼくなんかのタイプからはとても遠い位置にいるような子です。以前のぼくの授業づくりでいったら、勢いのある九〇パーセントの集団には入ってきにくい子。その子がこういう思いでいることに、ぼくが気付けた。

それはＴＩでの学びがなければ、なかったことだろうと思っています。ＴＩで学び、それでもどん底まで落ち、そして這い上がったからこそ、ＴＩの価値も再認識できたし、教師としてつかみ取れたものが、確かにあった。

ありたい教師像

今、ぼくはこうありたいという教師像になりつつあるような気がしています。これまで、徹底的に教科教育を追究してきました。研究授業も数えきれないほどやってきました。一人ひとりの子どもの資質・能力の育成と最高の学級を目指して、様々な研修会で学び、体当たりで本気で子どもたちにぶつかってても来ました。やってきたことには何の後悔もありません。ただ、心の中で何か違うなという思いは、ずっとくすぶっていました。

でも、今は違います。たくさんの失敗をして、悩み、もがき、乗り越えて、そして今思うこと。教師にとって一番大切なこと。それは、「自分らしい教師」であること。自分らしくある。まずは、それだけでいい。授業がうまいとか、指導技術が高いとか、統率力があるとか、どれだけ愛情深いとか、厳しいとか優しいとか、そんなことではなくて、自分らしくあることを受け止めている教師でありたいのです。

その自分らしさを肯定できている教師は、きっと一人ひとりの子どもたちの「らしさ」「よさ」というものも、ありのまま受け止められるだろうと思うんです。教育は、子どもを何か別の者にさせる営みではない。自分を磨き創っていくのはあくまでも子ども自身。ぼくが目指しているのは、「自分らしく幸せであれる人間教育」。だからまずは、自分らしい教師でありたい。すべてはそこからです。

4　社会とつながり学びを起こす

三重県公立中学校
滝沢 薫 先生

　滝沢先生とも、前項の中楯先生とは異なる意味で印象深い出会いだったと記憶しています。教師という職業に真摯であろうとするが故の苦しみを抱えている、そんな印象でした。現実をどうとらえるかは人それぞれですが「厳しい学校」と称される学校は全国にたくさん存在します。そしてそのなかで奮闘する先生方はいつもぎりぎりのところで踏ん張り、歯を食いしばって目の前の子どもに相対されています。そのことを乗り越えていく方法はきっと様々です。たまには逃げ出し、休むこともきっと必要だとぼくは思います。滝沢先生のストーリーは、先生は決して一人ではないし、豊かな未来をつくる教育というチャレンジは社会がきっと後押ししてくれる、そんなことを感じさせてくれます。4 年連続でプログラムに参加し、期を経るごとに新たな学びを獲得し、大胆な進化を遂げる姿に、人の学びは一生止まらないと感じさせられます。そんな滝沢先生の実践は、社会とつながり学びを起こすという TI のプログラムの一つの大きな価値を大胆に体現してくれています。

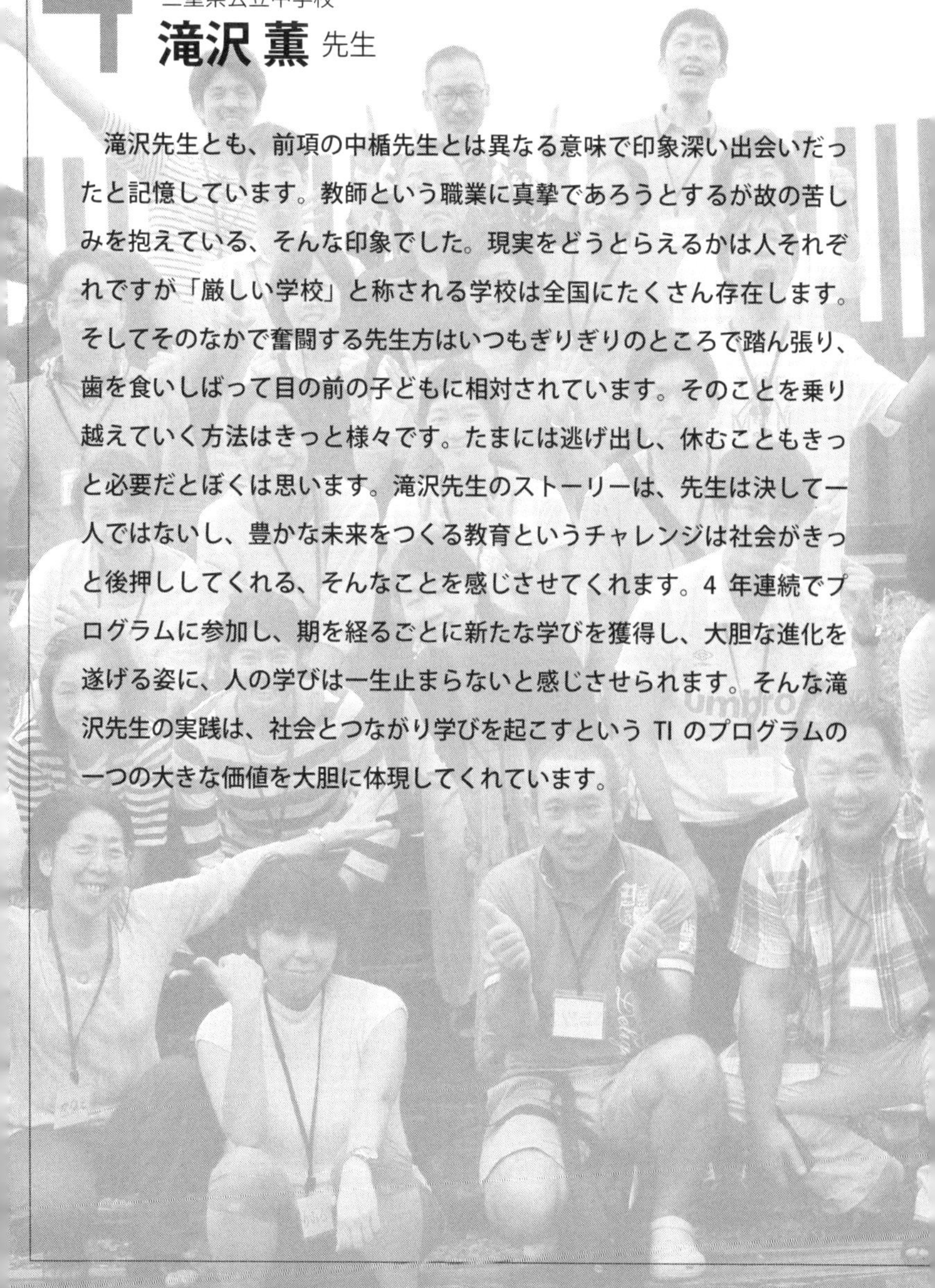

境界をつくっていたのは私自身だった「内」と「外」を行き来して見えてきた世界

学校の中だけを居場所と思い、違和感を抱いていた教師が、外の世界を見たとき、あらためて学校の存在価値を認識した。その世界を生徒たちにも見せたいと思った。

滝沢 薫

行き着くところ、やっぱり〈教育〉だな

ずっと「外」の世界を求め続けていたような気がします。それは教職に就いたときから、いえ、遡れば大学生のときからだったかもしれません。

大学入学時は、化学を専攻しました。教育学部に入ったので、周囲は教師になる人ばかり。

でも、私はその雰囲気にあまり馴染めずにいました。

ヨーロッパを一人で旅した時のことです。旅先でユースホステルに泊まり、様々な国の人たちと触れ合いました。日本の大学生とは全然違う。私と同じ歳で兵役に就いている人、離れた土地にいても常に母国のことを思っている人。同じ歳でもずいぶん考え方が違うことを体感しました。同じくらいの年数を生きてきたはずなのにどうしてこんなに違うんだろう？同時に、日本の文化的背景を持つはずの自分が、日本の雰囲気にうまく馴染めないと感じているのはなぜだろうとも考えました。

「行き着くところ、やっぱり〈教育〉だな」

帰りの飛行機の中で、そう思いました。

そんな時に教育社会学という学問を知り、よい教授との出会いもあって、大学院では日本と米国の教育の比較をテーマに研究しました。これは私にとって非常に面白く、教師になってからも役立つことが多くあります。

アメリカの教師、日本の教師

教員になって三年目に、文部科学省の公募派遣でアメリカへ三カ月間行きました。もともと素地として、日本とアメリカの教育の研究をしていたこともあり、研究課題をじっくりと作り込み、目的意識を持って行けました。

アメリカの中学校では実際に、理科授業を現地の先生方とプロジェクト学習のようにして行なったりしました。研究してきたアメリカの学校文化が目の前にあることは、とても嬉しく充実感があったことを覚えています。

日米の教育の違いを肌で感じもしました。世の中はどんどん変化しているのに日本の学校、特に公立学校が何十年も変わらない校則に縛られている。中学校に勤務しながら私はそれを実感し、日本の変革の遅さにもどかしさを抱いたりもしていました。

一方でアメリカの教育界には、大きな変化に対応し、改革を実現していく実行力と力強さがあると思いました。ただ、国土が広すぎるので、一つの国として隅々まで教育が行き渡ることが難しい。田舎と都会では教育レベルが全く違うことになってしまうという現実もあるようでした。

アメリカの教育のいいところも課題も広く見聞したことで、むしろ、日本の先生方が、いかにきめ細やかに使命感を持って取り組んでいるかを感じることになりました。

アメリカでは、州によって教育システムが異なります。州によって方針も違えばやり方も全く違う。一概には言えませんが、日本の教育のいいところは、教員の質が一定に保たれるシステムができあがっていることです。例えば板書一つとっても、基本は白いチョーク、ここは赤色で書いて……といった板書の計画がとてもきっちりとしています。多少の幅はあったとしても、誰でもある程度形になっている。先生によっては授業中の指導言について、声の大きさやトーン、言葉の選び方の検討をしている人もいます。教材研究に至っては、ほとんどみなさん行なっていると思います。アメリカで私が出会った先生方には、板書の仕方を意識している先生の方が少なかったんです。

また、あちらでは、大人と子どもの間に明確な線を引きたがるようでした。「子どもは大人の言うことは必ず聞かなきゃいけない」とか、「私はこのクラスのボスなのだから、あなた方は一〇〇パーセント言うことを聞くこと」など、生徒に対して立場を明確にして話します。そうすることで責任の所在を明確にしている。これはもう、アメリカの文化なのでしょうけれど。

教師としての線引き

日本の場合は、よく「みんながやっているからやりましょう」とか「他の人の気持ちを考えなさい」と言います。教師がその立場にある者として発言するのではなく、周りの人の気

持ち取るよう働きかける。その場の空気や集団に従わせるようなところもあります。

ただ、最近は——例えば、YouTube（ユーチューブ）世代といわれる児童生徒を指導するとき、また、多様な国籍の生徒がたくさんいるようなところでは、同じ日本の教室でも、「わかるでしょう?」の一言ではもう通用しない状況になってきたように思います。

これまで日本の先生方は、「他の人のことを考えなさい」などといったその人に判断をゆだねるような言い方で方向性を示しながら、何となく丸く収める手法をとってきた。それが当たり前として通用してきたから、先生方自身も見えない同調圧力を感じて、個人が精神的な負担を強いられていたのではないかと思います。でも、教師は社会的な立場として生徒たちの教育を担っているわけですから、これからは、むしろアメリカのように立場を明確にしたほうがいいんじゃないかと思うようになりました。

これは、あえて意識しているところもあります。私は自分自身が感情に流されやすいタイプで、つい、生徒一人ひとりの背景に感情移入し過ぎてしまうことが多いので。

教育社会学を学んでとてもよかったと思うのは、現象として観察する目、なるべく冷静に客観的に物事を現象として捉えようとする目を養えたことです。それは感情が先行して状況に巻き込まれないための線引きとも言えます。そういうものの見方は、仕事として、プロフェッショナルな「教師」であるために必須の要素だと思っています。

そう考えるようになったのは、荒れた学校で怒涛の日々を過ごしてきたこととも関係しているかもしれません。

想像を絶するような環境の中で

大学院を修了した私はそのまま教員になりましたが、学校現場は、世間知らずの私が想像もしなかったような過酷な環境だったのです。

初任として赴任したのは田舎の地域にある中学校でしたが、そこで私は、子どものためにと無理を押して勤務し続けた結果、倒れてしまう先生の姿を目の当たりにしました。体調が悪いのに病院に行くこともできず、病気が進行してしまっていた……責任感が強いがためにがんばった教師が傷つき、倒れてしまうような職場はおかしい。経験がないながらも強く感じたことを覚えています。

次に勤務した学校は、まさに荒れまくりの中学校でした。とにかく普通のことができない。朝、教室に入っても生徒が半分も来ていない。授業なんかもちろん成立しませんし、私自身も生徒から面と向かって罵声を浴びせられたり、力の強い生徒に威嚇されたり。目の前で椅子を振り上げられてバァンと落とされたときは、もう本当に「死んでしまうかも」と感じることさえありました。

親にも同僚にも弱音を吐けずに、出勤時、駐車場に止めた車の中でひとり五分間だけ泣いてから学校へと向かった時期もあります。

ただ、幸運なことに私が赴任したのは、その学校が一丸となって「生徒たちを絶対に立ち直らせるんだ」と向き合うようになって三年目というタイミングでした。先輩の先生たちはすでに二年間、生徒に働きかけを続けてきたところだったのです。

生徒会の顧問を受け持ち、行事など折々に三年生と触れ合う機会を多く持つようになりました。同僚の先生方は「一、二年生の時には、こんなに荒れていたんだよ」といった話も教えてくれましたが、目の前の彼らは一生懸命に行事に取り組んでいる。生徒会の彼らと一緒になってよさこいのダンスチームをつくり、彼らがマスコミに注目されるという嬉しい出来事も経験し、「ああ、生徒ってこんなに変われるんだ。素晴らしい！」と感じることもできました。

「学校の『外』へ行ったほうがいい」

思い返せばその学校は、荒れてこそいましたが、教員同士の関係がよかったんです。まだ若い私は仕事もろくにできず、意欲だけが空回りしているような状態。明らかに半人前だというのに「大切な仲間」として扱ってもらえていることは常に感じていました。

先輩の先生方からいつも言われていたのは、「どんな人にも役割がある」ということ。それは、教員同士についてだけでなく、生徒に対しても同じでした。なあなあの関係ではなく、きちっとルールは決める。それでも、その枠を守りつつ、枠にはまることのできない生徒たちの背景を把握しながら、フォローはきっちりとする。ハードな面とソフトな面を使い分け、生徒を一個人としてしっかりと向き合っている先生方でした。

基本的に学校がどれだけ辛い状況になっても、先生同士の関係がよければ、うまく回っていく。この学校で、私はそれを体感しました。

学校がよい方向へと向かっていったのは、多くの先生方の経験の積み重ねや関係性の構築があったからこそ。私は幸運にも、たまたまその流れの中に居合わせることができたのだと思います。日々、辛いことはたくさんあったけれど、いい体験でした。今に至る考え方の基盤になっています。こうしていけば、学校はよくなるんだ、人間は変わっていけるんだということを、実感させてもらったように感じています。

さらに、そのとき先輩から言われた言葉も忘れられません。

「学校の『外』へ行ったほうがいい。学校の中は狭いから」

その言葉は、私の胸の奥の方に羅針盤のようなものとして残りました。


その後の赴任先でもあらゆる体験をし、多くの教育現場を見聞きする中で、私の中で「教師って一体何なんだろう?」という思いや、教師間の関係性に対する問いが大きくなっていきました。

例えば、生徒に対して大きな声で怒鳴り、高圧的な態度で言うことを聞かせるといった昔ながらの教師がいまだに存在する。荒れて正攻法がまったく通用しない学校の中では、これも有効なやり方なのかもしれません。でも一方で、「そのやり方って、社会で通用するのかな?」という疑問が頭の中に宿ります。

また、自分より若い教師や同僚に対して傲慢さが出る、横柄になってしまう教師も少なからずいるようです。例えば学校や学年での成果についてまるで自分だけの手柄のように話したり、誰かが何か失敗してフォローした時に、「尻拭いさせられた」なんて言葉を使ったり。

それが特に若い教師の職場環境における悩みにもつながっていきます。

もちろん、教師という職業に就く先生方には素晴らしい面がある一方で、こういった問題が根強く存在する。結局それは、教師が学校の外の社会をよく知らないことが背景にあるんじゃないかと考えるようになりました。自分自身はそこに埋もれないためにも、社会とのつながりをつくらなくちゃ。このままじゃだめだ、動かなくちゃ――そんな意識が生まれた頃、出会ったのがＴＩでした。

私という人間を認識してくれる

偶然見たサイトに、「先生が未来をつくる」とか「先生を応援する」「先生のために投資します」と書かれてありました。とにかく教師に対しリスペクトしながら応援している。そんな主張は初めて見ました。どんな団体なのだろうと探っていくうちに、未来教育会議のホームページにたどり着き、ＴＩが企業や東京大学の教授とも連携していることを知り、様々なところへ勉強に行けるという話を聞いて、参加してみることにしました。

結局は、一期（二〇一六年）から四期（二〇一九年）までずっと参加することになるのですが、そのインパクトは最初から強烈でした。特に、初めて参加したキャンプでの、他の参加者や講師の先生方からのアプローチは衝撃的でした。

そのキャンプにはＴＩの会長も務めていらっしゃる米倉誠一郎先生（一橋大学名誉教授）や当時文部科学大臣補佐官でＴＩ理事の鈴木寛先生も来てくださっていたのですが、そのとき私は、その先生方がどんなことをされている方なのかも全然知りませんでした。

その日のプログラムが進み、私が自分のこれまでの経験を綴った「私の履歴書」を読み上げていると、目の前で米倉先生がじっと耳を傾け、次第に涙を拭うようなしぐさまでしているのです。私はまず、そのことに驚きました。初対面の私の話をここまで真剣に聞いてくれる人がいる――そう感じて嬉しく、とても認められた気分になったんです。

その接し方は、米倉先生だけでなく、参加している先生方も同様でした。さらに、対話を進めるにつれ、みなさんの教育にかける思いが、圧倒的な迫力で感じられました。

こんなにも純粋に熱く真剣に日本の社会のことを考えている人たちがいるんだということを知り、眼を開かれたように感じました。

代表の宮地さんをはじめとしたスタッフの方々、理事の先生方や参加者のみなさんが日本の社会に対して、正面から向き合っている。さらに、その社会の一員として、私という人間も認識し、真剣に対話をしてくれる。その姿がとてもかっこいいと思いました。

大事なものが確認できる「場」

ＴＩに参加し続ける理由に、やはり、常に外の社会と関わっていきたいから、ということがあります。そして、もしかしてそれよりも大きな理由は、大事なことが確認できる「場」だからだということです。

なぜ教師という仕事をしているのか、自分にとって大事なものは何なのかという感触が得られる「場」だからかもしれません。ＴＩを通じていろいろな人と関わり、学校現場に戻ったとき「あっ、こうなのか」と気付きを得る経験を繰り返し、行ったり来たりしてるうちに、わかってきたのかもしれません。

外に出よう、学校の中だけじゃ狭いという意識を常に持ち続けることで、社会に目を向け、真剣

に関わりながら、自分も社会をつくっていく存在になろうと思いました。これからの予測不可能な未来をつくっていく存在として、ものごとを考えるようになりました。さらに、目の前の生徒たちはこの予測不可能な未来をつくっていく一員、私たちはその人材を育てているのだという使命も感じられるようになりました。それは大きな変化です。

理論を学び、頭でわかった上で、最新の様々な活動やいろいろな人の意見を聞き、実感も得る。そうすることで、その中での自分の社会的な役割をふまえながら発言ができるようになってきているのではないかと思っています。

新しい時代のキャリア教育

二〇二〇年のコロナ禍の中では、自分に何ができるのかを考え続けました。恒例の職場体験学習が中止になったことを受け、新しいキャリア教育のデザインにもチャレンジしています。

中学校では、キャリア教育＝高校選び、職業選びになりがちです。でも本来は、そうではないはず。人生百年時代とＳｏｃｉｅｔｙ５・０（ソサエティー５・０）の時代を生き抜く力を持つ、しなやかな人材を育成するためのものにしたいと考えました。

生徒たちが自分自身と対話し、自分軸を持って主体的に進路を選ぶプログラムをつくりたい。閉ざされた教室と社会をつなぎ、生徒と大人が対等に対話できる場を設定しました。

テーマは「私の人生を創造する」。

5部構成、6時間講座にし、それぞれの段階の目的に沿ったテーマを設定しました。

（序章）Vision quest　自分探究への始まり

（1部）Being　私の中に可能性を見つける

（2部）Becoming　私の将来を考える

（3部）Well being with　社会を一緒に創っていく私になる

（最終章）Starting over　自分だけの価値を創造する

授業は、ほぼオンラインで実施しました。ICT機材を使っての授業は未知の挑戦でしたが、オンラインだからこそ多様なかっこいい大人たちに教室に来ていただくことが可能になったのです。都立高校のキャリア教育にも関わってこられた株式会社BYDの代表取締役井上創太さんという強力なサポーターを得るという幸運に加え、TIの縁がつないでくれたゲストにも恵まれました。

TIでともに学んだ仲間で公立高校の教員から公認心理師となり脳科学の観点から教員向けのセミナーを開催する服部剛典さんを講師に招いた授業「自分の可能性を感じる～脳科学、

心理学からのアプローチ～」で生徒たちは、自分自身が持つ思いこみに気付かされたようです。「文部科学省職員と一緒に考える。私たちはなぜ学ぶのか」と題し、文部科学省の企画調査官を務める廣田貢さんと教室をオンラインでつないだ授業では、激変する社会と学ぶことの意味を伝えていただきました。

だんだんとオンラインに慣れてきた生徒たちは授業前から「ぼくたちの意見が国を変えるのかなあ」などと口にしながら興味津々の様子で、凄腕モデレータの井上さんの協力もあり授業でも「学校の勉強をする意味がマジわからない」といった本音の意見続出。最後の「あなたは学んだことをどう役立てたいですか」という問いに対しては、全員が立ち上がり、自分の回答を書いたものを、教室中に見せてまわり、共有していました。

最初に「学ぶ意味がわからない」と発言した生徒たちも「親を幸せにしたい」「地域を大切にする」など、すべての生徒が自分の願いを書いて伝えてくれました。

生徒が変容し、感性の花を開かせていく

「ぼくたちはなぜ働くのか。大人になるって」をテーマに『ダウンタウンDX』などを演出プロデュースした一般社団法人未来のテレビを考える会代表で読売テレビプロデューサーの

西田二郎さんを迎えた回では「自分ってどこにある？」という難しい問いが出されました。私は当初、この哲学的な問いは、中学生には難しいのではないかと思っていましたが、生徒から出てくる答えは、なんとも素敵な感性にあふれていました。

ある生徒が「自分は自分のことを気にしてくれる人、自分のことを思ってくれる人の記憶の中にある。相手がいるから自分がいる」と発言すると、そのあまりに深く本質をついた答えに生徒たちは一瞬シーンとなり、その後、オンラインでつながった全ての教室から拍手がわき起こりました。生徒たちが、これほどまでにみずみずしく豊かな感性を持っていることに驚くとともに、それを生き生きと表現する姿には、まさに心を揺さぶられました。

人が人と出会うことで変容し、人間の持っている素晴らしい本質的な感性がぽんぽんと開花していく瞬間を目にしているようで、涙が止まりませんでした。

老舗の和菓子屋さんや理容師さん、男女の消防隊員など、地元で活躍する二〇代、三〇代の方々を教室にお迎えしての授業も行ないました。

人選でこだわったのは、変革の時代の今を生き、中学生たちが社会に出るときに同じ社会で活躍していると思われる方々と出会わせることです。

生徒たちに「かっこいい大人を感じてもらいたい」と、ゲストに話していただく内容も職業の内容ややりがいに留まらない、その根幹にある「自己」や未来への展望を話してくださるようお願いしました。また、本物のプロの凄技も見せてくださいとお願いしました。

授業に対する考えを理解し一緒に授業をつくっていただくために、授業前には私もみなさんの現場に向かい対話を重ねました。いずれもお忙しい方なのに、何時間もかけてお話してくださった方、ぎっしりと原稿を書いて備えてくださった方もいらっしゃいました。

生徒たちは、本物の職業人の技術、またその人物の内面に触れることで、自分の将来を重ね合わせていたようでした。

内と外の世界を行き来して

かっこいい大人たちと出会わせたい、その機会を生徒たちにつくりたい――そんな考えが持てるようになったのは、私自身が「学校の外の世界を知りたい」と思い始めたことがきっかけです。

そして、TIでの体験を機に、それまで自分が存在する世界だと思っていたのが、とても狭い範囲だったことも思い知らされました。私はほとんど、中学校の教師としての自分と、勤務する学校の範囲でしか物事を見ていなかった。そんな狭い世界の中だけで経験を積んだり悩んだりしているつもりになっていたのかもしれないと気付きました。

外の世界の広さを知ってしまったからには、もう学校の中だけに自分の存在意義を求めていた頃に戻ることはできません。

今は「内の世界」と「外の世界」の二つの世界を知り、どちらの世界の人たちとも対話をし、関わり、一緒に社会をつくっている。どちらの世界にも「私」は存在することができるという感じがしています。思えば、大学院生の頃に、日米の教育の比較研究を行なっていたのも、自分に合う社会はどこにあるのか知りたい、という望みが潜在的にあったからかもしれません。

学校の外から、変化している社会の中での学校の役割を客観的に見ることもできます。そして、社会の縮図である学校の中で何が起こっているか、先生たちがどのように考え、働いているのかを、学校の中から、外に向けて発信することもできる。

「私の世界はここだけじゃない」と知ったことで、目の前が開け、自分自身が少し強くなったような気がします。また、そのバランスで心の余裕ができ、内と外の世界を行ったり来たりできる軽やかさも持てたように感じています。

「先生たちに武器を持たせたい」

米倉誠一郎先生はＴＩ設立の趣旨をそうおっしゃっていました。それを聞いた頃は、「武器とは『教育技術』みたいなものかな」と思っていました。今は様々な世界の人たちと真剣に関わることで見えてきた「自分の軸」が見えない武器になっているのかなと思います。

今の中学生の多くは、笑われることを極端に怖れます。失敗して笑われるのが怖い。だから、薄氷を踏むような人間関係しか築けない。それは、以前、学校の中だけに目を向け、そこに留まったまま一種のないものねだりをしていた私の姿とも重なります。でも、外の世界に目を向ければ、かっこいい人がたくさんいる。そして、ちゃんと向き合って話を聞いてくれる、存在を認めてくれる人たちがいる。今はそれがはっきりとわかります。

先ほどのキャリア教育のワークブックにも米倉誠一郎先生の言葉を載せました。

「転んだ人を笑ってはいけない。彼は前に進もうとしたのだから」

これは、生徒たちに向けたようで、実は、私自身へのメッセージです。

5 職員室に関わる

私立東邦高等学校
山田剛司 先生

職員室が居心地のよい場である先生もいれば、そうではない先生もいると思います。そしてそのことを問題に感じる方もいれば、「生徒に学びを届ける」という教師の仕事に誇りを持ち、同僚との関係性にはあえてあまり踏み込まないという立場の先生もいると思います。山田先生はいわゆるマンモス校といわれる大規模校に勤務し、ご自身の授業実践も、その質を高めていく学びの姿勢も本当に素晴らしい方です。そんな山田先生が、自身の実践を越えて、職員室という働く環境、そして共に働く先生たちに対して意識を向けるようになったのはどうしてなのか？どんな学びや気付きがそうさせたのか？そして同僚や職員室にどのように関わり、何を変えたのか。取り組みの中味や山田先生の在り方、そして同僚の先生に対する具体的な関わり方からは、多くの示唆が得られます。

関係性の質を高めて生まれる学び
周囲50センチメートルからの革命

ベルトコンベア的な学校教育の中にあって、いつしかそれに合わせた「役割」を演じるようになっていた。自分に歯止めをかけていた。そのロックを外してくれたのが、TIだった。

山田剛司

教育現場に疑問をもちながら何もできなかった時代

名古屋にある私立東邦高等学校に勤務して二十一年目、数学の教員です。ぼくはもともと神奈川県の公立高校の出身です。自分が高校生のときは、勉強はするものだ、やって当たり前だと思っていました。ところが、教員になって東邦高校で勤務するようになると、やっぱり勉強が嫌いな子たちも当然いるわけです。もともと部活をしたくて来ている生徒もたくさんいます（硬式野球では春の高校野球大会で優勝するなどの実績がある）。でも、先生たちは、そんな子たちにも一律に勉強、勉強って言うじゃないですか。それが進学校だったら、みんな納得して勉強に向かうのかもしれない。でも様々な個性ややりたいことがある子たちがいる中で、全員に対して同じレベルの知識を埋めこむのがよいことなのかと疑問を持っていました。

その頃学校の教育にぼくが持っていたイメージは、たとえるとベルトコンベアに生徒が乗っていて、教員はラインの工員さんで、流れていく生徒に部品を付けていく。規格品から外れないように、いい子をつくっていく……そんなふうに感じていました。自分が受けてきた教育も、今思うとそうでした。「でも、なんか、これっておかしいよな」と思いながら教員を続けていました。

実際にぼくたちがやっていることは、まるでブロイラーを量産しているかのよう。ニワトリがすごく狭い小屋に入れられて、餌を突っついている。学校に来ている生徒もそんなブロイラーのように、椅子から動くなとか、おしゃべりするな、とにかく私が黒板に書いたことをノートに写して演習解いてとか。時にはフォアグラを作るみたいに。フォアグラって高級食材と言うけれど、ガチョウの首を押さえて液体のエサを流し込んでつくるって聞くじゃないですか。成績が悪くて進級できなかったり、そういう子たちを放課後に残して、強制的に補習するっていうのも、なんかこれ、フォアグラ作ってるんじゃないかなって。したくもない勉強を無理やりさせて、誰が得してるんだろうっていうことをずっと思っていたんですね。生徒たちが「食べたい」と言いだすことが本当は必要なんじゃないか？ 空腹を感じた時に食べる食事はとてもおいしいように、学びたいと思った時の学習はとても染みこむのではないかとぼくは考えています。そういう疑問がずっとあって、でも、自分は何もできなかったんです。ひとは自分が受けた教育しか再現できないと思います。ぼくも何もできなかったんです。

『学び合い』との出会いが授業を変えた

転機になったのは二〇一四年ごろです。とある学習会で上越教育大学の西川純先生が提唱する『学び合い』のメソッドに触れたことがきっかけで大きく授業のやり方を変えていきました。

『学び合い』というのは、先生が一から十まで教えるのではなく、最初の導入部分で学習者にミッションを伝えます。今日はこういうことをできるようになってくださいねと、ゴールを示す説明を最初の一〇分程度で終えます。――詳しい解き方は教科書に載っているから、それを見ながら生徒同士で学び合ってクラス全員がこのミッションを達成できるように、授業時間の五〇分を使ってください。皆さん教室を立ち歩いてもよいです。全員ができるように、皆さんが最適な行動をしてください——ってことを生徒に任せてやる授業の方法なんですね。

そういうことをＩＣＴを使ってやるという学習会にたまたま行ったのです。ＩＣＴが目当てで行ったのですが、その授業法にぼくは衝撃を受けた。授業中なのに立ち歩いていいんだとか、教育の本当の目的って、静かにさせることでもないし、みんなが本当にできるようになることを目指すのが大切なんだってことに、その学習会で気付いたんですね。

そのまま、帰りに本屋さんに行きました。そこで、『学び合い』という手法があることを知り、本で勉強しました。それが四月の終わりか五月の頭ぐらいで、五月の連休明けの授業から『学び合い』をクラスで実験的にやってみたんですね。数学の授業で。

本に書いてあるとおりにやってみました。授業の始まりには、「なんでこういう勉強が必要なのか、本当に数学を勉強する意味ってなんだろう」というところから始まって、「みんなに本当の力を付けてほしい、計算ができるだけじゃなくて、生きる力をつけてほしい」という話をして、「この練習問題を全員できるようになることが今日のミッションです。生徒同士で全員ができるまで学び合ってください。立ち歩いてＯＫです。ではどうぞ」っていう手法にならってやったんですよ。

とりあえず一週間やってみたところ、生徒の反応がめちゃくちゃよかったんです。ぼくが授業中に話す量はすごく減ったんですけど、アンケートを採ったところ、生徒は授業がすごくわかりやすいって答えていたんですね。先生が机の間を回って来るのを待つ必要もなく友達同士でも聞ける。教えてって言われたほうは教えたことによって自己肯定感が高まるし、教えてもらったほうももちろんすぐにわかるし、もう本当にいいことずくめだと感じました。

一週間続けた後のアンケートには、「もう元に戻るのはやめてください」とか、「このまま続けてください」と。これはもう絶対、続けようと決めました。そこからずっと続けて六年目になります。

『学び合い』のおかげで、こんな場面にも出会うようになりました。いつもクラスで一番か二番目には課題を終えることができるＩさんが、時間内に解くことができないことがあった。なぜなら、クラスでビリを争う二人の友人からの「教えて、教えて」の嵐に遭っていたからです。自分の問題を解きながら、全然できない友達に教えることに手間取っていたんです。

ところが、次の授業のときにそのＩさんは、ダントツの一番で課題を終えていました。それを見て、前回おんぶにだっこで教えてもらった生徒が「Ｉちゃんはやっぱり一人でやるとできるね。前回はごめんね」と。するとその優秀な生徒は「二人に教えてあげる時間をたくさんつくるために、今日は予習してきたんだ」と返していたんです。本当にすごいと思いました。子どもたちってどんどん学びを進化させていけるんだって。ブロイラーとは違うんです。

コロナ禍にあって、今、人と話をしちゃいけない、距離をとらなきゃいけないとなってしまっているんですが、それは教育としては駄目だと思います。人と人が話し合うってことを大切にしたいし、安全を確保しながらなんとか実現したいと探っています。

「関係性」から学びは生まれ、促進される

学びにおいて、一番に重視するところはまずクラスの「関係性」です。「関係性」がないと学びの実りがないんです、絶対に。将来技術が発達してAIから「あなたの苦手な部分はここですよ、だからこの分野の問題をたくさんやりましょう」って課題を出されても、ぼくたちは多分、勉強しない。「誰に何を言われたか」が大事だと思うんですね。

それは社会に出た後でも同じ。いかに自分と気が合わない人とも関係性を築くことができるか、それが本当に大事なスキルなんじゃないかと思います。

生徒には、仲良しグループをつくるための『学び合い』ではないということは、必ず伝えています。仲良しグループってなぜ「仲良し」かというと、嗜好《しこう》が似てるからじゃないですか。

好きなドラマが同じとか、アーティストが同じだとか、趣味嗜好が一致していると安心感が生まれるから仲が良くなる。でもその関係性からは新しい学びが起こらない。「私はこう思う」「うん、私もそう思う」お互いにそう言って終わりになってしまいがちです。

仲良しである必要は全くない。むしろそれが逆に足かせになってしまうこともある。ぼくが授業で学び合いをするときは、仲良しグループをつくっちゃうと絶対に力が伸びないからねって言うんです。「あなたたちが社会人になった頃に同僚として働くのは、何十歳も離れた上司じゃない。近い上下関係で一番学びが生まれる。だから、単に上司の指示に従うような従順な子はあまり使えない。新しいプロジェクトを生み出すには、上下四、五年の同僚、つまり横との関係がうまくできる、仲良しじゃないグループで関係がちゃんとつくれることが大事なんだから、それを意識して『学び合い』の活動をしてね」なんて言っています。

異質なものと切磋琢磨することの中から学ぶ。自分と違うところから学ぶ、吸収する。そんな力をつけて欲しいんです。

相互理解を深め、「関係性」をつくるための工夫

コロナ禍の中で入学してきた高校一年生のクラスでは、休校期間中も生徒同士の関係性を

つくるために、授業とは関係ないようなこともやりました。新入生が新しい学校に入学してきて、直接クラスメートに会うことができたのは、二ヶ月間でたったの二回。しかも全員マスクをしているので表情もよくわからないし、感染防止対策で私語も厳禁でした。

そんなスタートだったので、課題を配る前に、まず人間関係をつくるところから丁寧にはじめました。

今年から運よく一人一台のｉＰａｄ（アイパッド）が導入されたので、まずは自撮りして笑顔の画像を送ってみようとか。地元自慢というお題で自分の家のそばには○○があるっていう自慢を教えてとか、授業支援アプリのロイロノートに自分の好きなアーティストのＹｏｕＴｕｂｅのリンクを貼ってとか。そんなことやって、ｉＰａｄの操作に慣れつつ、クラスづくりをしていました。

「ｉＰａｄは勉強だけじゃない。もっと楽しく使ってもらおう」とぼくも自撮りして、歌手で俳優の星野源さんがＩｎｓｔａｇｒａｍ（インスタグラム）にアップして話題

になった「うちで踊ろう」のコラボ動画を作って見せたりもしました。生徒にも、ｉＰａｄの画面録画機能と、「ｉＭｏｖｉｅ（アイムービー）」の使い方を伝えて星野さんとのコラボ動画を週末の課題として提出してもらったんです。

提出された課題は傑作揃いで、笑いあり感嘆あり、相当濃い自己紹介でした。生徒は何気なく自分にできることを考えて動画を作っているのでしょうが、それがそのまま得意なこと、個性を表現していて、その子の人柄が伝わってきます。

顔にペイントして笑いをとる子をはじめ、ハンモックに乗って寛ぐ首相のパロディ、テーブル手品、トイレットペーパーでリフティング、ピアノやサックス、リコーダー演奏や、お菓子作り、Ｉ字バランス、側転、けん玉、卓球、ペットとのじゃれ合い、そのバラエティー豊かなことと言ったら……。彼らも本当に頑張ったんでしょうね。

そんな彼らの様子を見ていて、またぼく自身がその作品群を心底楽しみながら、ぼくはもともと、何か新しいことをするのが大好きな人間なのだったと思い出しました。だけどいつの間にか「学校の先生」という役割を知らず知らずのうちに演じていたんじゃないかということにも気が付いたのです。

ありのままの自分を抑えていたことに気付いたのは、ＴＩに参加したことも大きかったと思います。ＴＩの中で、自分が自分らしくいていいんだとを思える経験をしたことで、自分へのロックというか歯止めを外してもいいんじゃないかと、強く思うようになったんです。

期待していなかった研修

ＴＩとの出会いは、二〇一七年夏の山梨でのキャンプです。ぼくが『学び合い』によってアクティブ・ラーニングみたいなことをしていると知った校長先生が、声をかけてくれたんです。

勤務校がティーチャーズ・イニシアティブという団体の会員になっていて、誰か一人研修に出さなきゃいけない。どうもアクティブ・ラーニングの研修らしいから行ってみたらどうかと、学校から指名を受けたのです。

泊りがけだし、正直なところ、少しめんどくさいなぁと思いながらの参加でした。研修といえば、講義を聞きながらメモをとってテストみたいなものを受けて、最後に「まとめ」を書いて提出、というイメージでした。ＴＩの研修についても、特にこれといった期待はありませんでした。

ところがＴＩは、それまで受けてきた研修とは全く違う。集合してすぐ、丸く輪になって喋る。こんな形式があるんだと、まず驚きました。

いろんな「問い」が出て、今の教育や社会情勢をあなたはどう思ってますかといったことを発言するタイミングが本当にたくさんありました。講義を聞いてノートをとるような勉強のスタイルではなく、自分の思ってることを一生懸命に言語化するのが刺激になる。グループの中で人が話すときにはそのバックボーンがちらちら見えて、世の中にはいろんな方法で頑張ってる人がいるんだ、この人はこういう活動をしていたんだっていうことが、何となくわかる。

新卒からずっと一つの学校に勤務していたので、他校の先生とつながるのも、部活の試合で出会うことがせいぜいでした。小学校、中学校の先生にも、全然知り合いもいないし、教育委員会なんて、どこか外の人だと思っていたんですね。小学校ってどんなことを課題としていてどんな思いでやっているのか、中学校の先生は生徒を高校へ送り出すときにどんな気持ちでいるのかなんて、全く考えたこともありませんでした。

でも、ＴＩでいろんな先生と対話していくうちに、小学校には小学校なりの課題があって、高校では考えもつかないようなことに取り組んでいたり、逆にぼくが高校で悩んでいるようなことは、小学校や中学校の先生には問題外だったりするということがわかってきた。

でも、やっぱり先生方はみんな、子どもたちの成長を考えて活動している。アプローチは違うけれども、思いは同じだということは深く感じました。あの経験のおかげで、ぼくは外部との交流が増えました。ＴＩに入ったおかげでＦａｃｅｂｏｏｋを始めて、いろんな熱意ある様々な先生とつながりを持てることによって、自分も広い視野を持つことができるようになったと思っています。

体験を通じて「生成的な学び」を学ぶ

山梨でのキャンプの一カ月後に再会したときは、ワークショップのつくりかたの説明と、早速に課題――「生成的な学び＊が起こる場をセッティングしなさい」という課題が出されました。

もちろん「生成的な学びとは何か」という説明はあるんです。でも、もやもやしてよく理解できない。ぼくたちのチームは、「生成的って何なんだろう？　どういう状態なんだろう？」と、そこから手探りで考えていきました。

そもそも、このＴＩの集まりではなんでこんなに雰囲気がよくなるんだろう、集まって

＊　生成的な学び
「社会構成主義」という考え方を背景に持つ。「学び」を単純な知識の授受ではなく、そこにいる参加者同士の「対話」を通じて探求し、既存の枠組みを越えたアイデアや仮説、新たな意味を生み出すプロセスとしてとらえる。

いる先生たちがすごいから？　自分の学校ではなぜこんな雰囲気にならないんだろう？　ということを疑問に思いました。その疑問を出発点に、ＴＩのキャンプでやっていることが、何かヒントになっているんじゃないかと、自分たちのワークショップではあえて、ＴＩではやらないことを徹底してやってみたんです。

そのときの設定は「品川ブラック商事」と銘打ち、社長がブラックでワンマン経営の会社を想定して、各チームに分かれた人たちには、「社長の家族旅行が楽しくなるような企画をつくってください」というお題を出しました。

やり方としては、集まったときから、絶対に私語はしないでくださいと伝えて、チームメンバーの名前も番号で呼ぶようにしました。入り

口でくじを引いて、座る場所を指定。ミーティング中はその番号で呼ぶ。「一番さん、どうですか」なんて呼び合うようにしたんです。あえて名前で呼ばない。すると、やっぱりお互いの間に壁ができるんですね。

それから、その番号札のところに役割を書いておいたんです。ある人には「あなたは全てのことに対して肯定してください」。別の人には「あなたは全てのことに否定してください、文句を言ってください」。さらに別の人には「三番の言うことだけ肯定をして、それ以外の人には否定してください」といった役割を与えて、座ってもらったんですね。完全なロールプレーです。

このワークショップの結論を言うと、TIに集まった前向きですごい人たちでさえ、名前を呼べないとか、自分の役割は否定するばっかりだとか、そういうのがつら過ぎて苦しかったという感想を口にされたんです。あえてTIでつくられている状況とは逆のパターンのロールプレーを行なうことで、実は普段こういう環境の中にいるんだって気付くことにつながった。

座席を指定して私語をするなとか、教師の強権を発動して課題を出すとか。また、自分が教室に入ったときに生徒は静かにしているべきだっていう前提は当然のことだし、静かにしていなければ話をするなと注意する。自分が出した課題は完璧にこなさなきゃ駄目でしょ、と信じている。いずれも、教師ならば多かれ少なかれ容易に想像できることです。それから、否定ばかりする役割を与えられた先生は、人の意見をとにかく否定するという役割を演じていく中で、自分自身が非常にイライラしてきたとか。

そのワークショップをつくる経験をすることで、皆さんの感想から「学校」という場を考えたり、立場によっていろんな心理状況があるんだという新しい気付きが出てきたり。つくる時には予想もできなかった、その場で起こってきた学びが、「生成的な学び」ってことなのかなと、ぼくは思ったんですね。

学校の授業では答えが必ずあって、そこに全部誘導して、最初から決まっている答えのところに先生が連れていく。そんなの教科書に書いてあって、読めばわかるよっていうことを五〇分使ってやる。ある意味、当たり前の授業です。でも、参加することでその場に起こる「生成的な学び」も本当は子どもたちにとって大切なんじゃないかと考えるようになりました。

学内の関係性に焦点を当てた実践課題

十二月でＴＩのプログラムがとりあえず一段落すると、しめくくりの実践課題を意識するようになりました。ＴＩで学んだことを生かして、これまでにやったことのないことを授業や学校で試して発表するのです。

授業で新しいことを実践することもできたんですが、先に取り組んでいた『学び合い』が三年目だったので、それを変えるチャレンジは、必要がないんじゃないかと思いました。ぼくは、授業においては、すでに生徒をブロイラー的なものから変えていっているという自負もありました。

一方、学校内の同僚との関係は、ずっともやもやしたままでした。当然、職員間の関係性をよくしたいとは、思っていたんです。では何が自分にできるかと考えてみると、答えはそんなに簡単ではなかった。

たまたまぼくも教務*部長となり、担任を持ってはいなかったので、この学校をよくすることにシフトしようと。もう、先生同士の関係性にとりくむしかしない、そう思いました。

何か新しいことを提案すると、新しいことそのものを嫌う人に反対されることってよくあると思います。でも、そこで反対する人の真意を深く理解したり、いま変えなかったらその先がどうなるのかっていうことまでちゃんと話ができるような関係性がつくれれば、もっと

＊ **教務**
学校全体の教育計画の立案に携わる。成績管理や時間割、カリキュラム作成、転学などに責任がある学校の重要な役割（学校により業務範囲は異なる）。

新しいことができていくんじゃないかと思ってたんです。

そこで、学校の中で初めて先生向けのワークショップをやってみることに決めました。それこそ、二〇年近く働いてる職場でそんなワークショップをして、講師役が務まるか、もちろん心配でした。

とにかく一回やってみよう――その勇気を振り絞れるかどうかっていうときに、TIで出会った先生たちの顔が浮かびました。彼らの頑張りを思えば、自分のハードルは案外小さいんじゃないかなと思えて踏み切った、そんな感じです。

「学校の未来を考える」ワークショップ

「学校の未来を考える」というテーマで教員向けのワークショップをしました。放課後に、約二時間半だったと思います。有志は放課後に集まってくださいと声を掛けました。当然、みんな忙しい。やっぱりポスターを貼っただけでは誰も集まってくれないんです。一回目で失敗すると、自分の心が折れてその後続けられなくなってしまうと思ったので、まずは協力してくれそうな先生たちに直接声を掛けて、チラシを配り、来てねって口説いていきました。九〇人くらいいる専任教員のうち、三〇名弱が集まってくれました。

最初、ぼくが五分くらい今回の意図を話して、輪になってチェックインをしますよ、ひとり三〇秒くらいでお願いしますって言っても、大体、先生という人種は話が長いので、ひとり一分しゃべったとしても全員で三〇分かかっちゃうんですね。

次に今、世の中ではどんなことが起きてるのかという未来のイメージを伝えました。ＡＩがどんなふうになってくとか、ドローンが発達するとどうなるのかとか、その頃、ちょうど流れていたＳｏｃｉｅｔｙ５・０に関する政府の広報映像や、学園の中でどんどんスマホが進化していく様子を描いたソフトバンクのコマーシャルを一緒に見たりしました。「これって本当なんですよね、あと三年後なのか五年後なのかはわからないけど、こんな未来は絶対、待ってます。席に座ってただ聞くだけの授業を受けた生徒が、社会に出て活躍できる場が本当にあるんでしょうか？」みたいなことをぼくが一〇分か一五分くらいしゃべった。

その後、くじ引きでペアをつくって先生同士で相互にインタビュー。インタビューの質問は準備しておきました。「大学生の頃はどんなことに力を入れましたか」とか、「先生になってどういう教育をしたいですか」とか、自分の過去を振り返ることができるような内容です。

自分が過去に頑張ってきたことなんかを話して、インタビュアーが、そうなんですか、すごいですねとかって言ってくれると、やっぱりそれだけでうれしいじゃないですか。その短い時間でも、インタビューする人とされる人の関係性がちょっと深まる。教師なので、生徒の面接にも生かせますよなんて言いながら、行ないました。

残り三〇分で、今度は四、五人のグループでのミーティングです。学校の未来ってどうするべきなんだろう、自分たちには何ができるんだろうと、ざっくばらんなアイデア出しをしました。

工夫したのは場のグランドルールを設定したことです。「人のことは絶対否定しない」「たとえ実現不可能だと思っても、〝それってできたら面白いよね〟という発言に変えてみる」といったルールを伝えてワークに取り組んでもらい、最後には、未来のために自分たちにできることを発表してもらいました。

しめくくりはまた輪になってのチェックアウト。時間は大幅にオーバーしてしまったんですが、「これだけ生徒のことを考えている人たちがいっぱいいるっていうことを知ることができてすごくよかった」とか、「講師が来て話を聞くだけの研修よりこうして話せてよかった」とか、そんな声が聞けたので、ぼくの意図は伝わったかなと思い、ホッとしました。

ぼくたちの成果

手応えがあったので、調子に乗って一月にやった次は、二月、三月と、三学期に三回やりました。ぼくがしゃべって何かを伝えるというよりも、とにかくみんなが未来の教育に対してしゃべれる場をつくりたかった。いつも最後は「この学校の未来をどうしていきましょう」って話し合うようにしました。

このワークショップによって先生たちの関係性が変わったとは言い切れないとも思うんです。でも、自分のことを最大限褒めながら言うと、種を撒いたことで、学校の中でそれまでずっと変わらなかった見えないルールを、本当はやらなくてもいいんじゃない？って変えていけるようなことが、ちらほらと起こるようになった。

とても些細なことなんですけどね。例えば、以前は金曜日に宿題を配って月曜日の朝に回収することで学習の習慣を付けさせようとする「週末課題」というのがスタンダードだったんです。でも、ちゃんと宿題をやってほしい子に限って、友達の答えを写すだけだったり。これって本当に課題を出す意味があるのかなと、みんなずっともやもやと感じていたんです。ある時、「何の結果を求めての学習なのか」と発言してくれた先生がいた。毎年やってるものはやり続けなければならないんだと思い込んでいるところから、何のためにこれやってるんだろう、望む結果を実現できるなら手法は変えてもいいんじゃないかと発想を変えることができた。それは嬉しかったですね。

違う方法で学習指導をしたほうがいいんじゃないかということになり、結局「週末課題」をやめることができたんです。心の中で思ったことを、職場で言語化するというのは、やっぱり大きなハードルなので、時間がかかるのかなと思ったりもします。

新型コロナの影響でいろんなことができなくなって、本当に何が必要なんだろうって話すときに、突拍子もない発言を言っても許される、言ってもみんなに聞いてもらえるといった雰囲気が出てきました。三年前に種撒きした芽がやっと出てきたのかなと感じています。

授業のオンライン化についてもなかなか進まなかったんですが、徐々にチャレンジする先生も増えてきて、オンライン双方向授業にも挑戦しました。模擬授業をしたり、他教科の先生からもフィードバックをもらったり、どこまでオンラインで参加感を高められるのか実験してみたりもしました。思い起こせば二月末の全国一斉休校から学内でも様々なICT勉強会を行ない、いろんな先生が動いて、やっとムーブメントが起きました。

長かったけど、諦めかけたけど、声をかけられる周囲五〇センチメートルからの革命です。想定していなかったこともたくさん起きて大変な思いもしましたが、先生方が力を合わせてやり切ったことは、大きな財産になったと思っています。

6 人生を見せる

私立リンデンホールスクール
堀川浩二 先生

TI の関係者は堀川先生のことを「殿」と呼びます。そんなユニークなあだ名を持つ堀川先生のストーリーはひときわユニークなものです。ここ数年、教師という職業に異業種から転職される方も、また教師から異業種に転職される方も徐々に増えているように思います。一人一人が全く異なる未来を生きていく多様な生徒に対して、どんな人生を見せていくのか、先に登場した滝沢先生が社会との協働のなかで様々な大人の在り方を見せたとしたら、堀川先生は自分自身の転身、転職、旅によって、人の人生の多様さを示します。とてつもなくユニークなキャリアを歩みつつも、堀川先生の姿には、なんだか教師という仕事の一つの神髄が表れているように思います。教師になって 20 年、堀川先生はなぜ突如教壇を降りたのか、そしてなぜいま再びそこに立っているのか。堀川先生の生きざまからあふれ出る、教師という職業の幅広い魅力を感じていただけたらと思います。

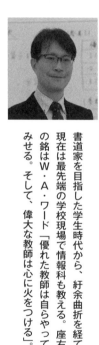

常に挑戦する、わくわくしながら新しい自分を見つける「生徒のために」ではなく「生徒とともに」

書道家を目指した学生時代から、紆余曲折を経て現在は最先端の学校現場で情報科も教える。座右の銘はW・A・ワード「優れた教師は自らやってみせる。そして、偉大な教師は心に火をつける」。

堀川浩二

書道家から気付けば情報科の教員に

二〇年近く勤務した学校を二〇一八年三月いっぱいで辞め、約二年間の「無職生活」を経て、二〇二〇年四月から福岡にあるリンデンホールスクールに勤務しています。

現在の学校は、小学部と中高学部の一二年間一貫教育を目指しており、英語で授業を行なうイマージョン教育＊を特徴の一つにしています。教員の比率は、外国人と日本人がほぼ半々。国際バカロレア（ＩＢ・67頁注参照）の認定校でもあり、生徒たちの約半数が卒業後の進路として外国の学校を選択しています。

この学校の中高学部で、私は情報科の教員と教務の仕事をしています。教務の仕事は多岐にわたり、授業時間割の作成や生徒たちの出欠管理、先生たちへの諸連絡、授業の進行管理、学校行事の計画や運営など。これに、入試のための広報業務も加わり、学校を運営するための裏方的な仕事をほぼひと通り担っている状況です。

教員としては現在、情報科という教科を教えていますが、もともと、大学では美術教育専攻で、書道を専門に学んでいました。書道家を目指して中国に留学し、大学には八年、大学院にも四年行きましたので、小学校から通算すると二十四年間も学生をしていたことになります。

卒業に当たって進路を考える際には、書道の師匠にアドバイスを求めました。すると、「今後、学校教育の中でおそらく縮小されていく書道というものを次の世代に伝えていくのは、

＊ **イマージョン教育**
母国語での国語以外の科目を、英語を用いて教育する方法。イマージョン（ｉｍｍｅｒｓｉｏｎ）とは「浸す」という意味。

いい仕事だと思わないか？」と言われたのです。「それはもっともだ」と思い、書道を教えながら学校の教師として働くという道を選びました。本当は書道家一本でやっていきたいとも思ったのですが、それだと食べていくのがなかなか難しい。当時は、そこまでルールに厳密な時代ではなかったからこそ選べた両立の道でした。

教員免許は書道と国語を取っていましたので、中学生と高校生にその両方を教えていました。本当のところを言うと私は国語はあまり得意な教科ではなく、生徒にとっては受験で重要な意味を持つ国語を自分が教えることに迷いも感じていました。ただ、書道一本に絞ってしまうと、働き口があまりなくなってしまいます。

「何か別の教科はないだろうか」と考えていた時に、折よく「情報科」というものが新設されました（二〇〇三年）。誰もやったことがないし、これがいいんじゃないかと感じて、通信教育で情報科の教員免許も取りました。面白そうだと感じたことも理由のひとつです。するとちょうどその頃にいわゆる「未履修問題＊」が起きたのです。それを受けて、情報科の授業数と重要性が急に高まりました。結局、書道も別の先生にお任せして、情報科一本でやることになったのです。

現実社会を考える学習の延長に現れた「クエストカップ」

情報科の授業は、自分自身で受けた経験がないものでしたが、イチからつくっていく面白さがありました。

情報科というと、コンピューターの仕組みやその扱い方を学ぶ科目だと考える人が多いと思います。当然それらも重要ですし、理系の方向にシフトして、そういった内容をメインに教えている先生もいます。ただ、私は少し違う考え方を持っていました。

＊ **未履修問題**（**高等学校の必履修科目未履修問題**）
二〇〇六年頃報道をきっかけに表面化した。学習指導要領で定められた「情報科」「世界史」などの必修科目を履修せず、受験指導に振り分けられていたことから単位不足となって卒業が危ぶまれる生徒が多数いることが判明した問題。

具体的には、コンピューターの仕組みや扱いに加えて、「世の中に溢れているすべての事柄を〝情報〟と捉えた時に、それをどうやって加工するか、どう人に伝えるか」というようなことを教える科目だと考えていたのです。総合的な学習の要素も私は大好きなのですが、それを取り入れつつ、コンピューターなどのＩＣＴ機器を活用したらどんなことができるのか、という視点で考えていました。

だから、例えば「学校にある遊休地の有効活用をどうしますか？」とか「制服をつくり直すとしたら、どんなものがいいですか？」といったお題を与え、生徒が自分で考えて提案するような授業をしていたのです。今でこそ「プロジェクト・ベースド・ラーニング（ＰＢＬ）[*1]」という言葉が広がりつつありますが、当時はそれもない時代。手探りで授業をつくっていきました。

情報科の授業に限ったことではありませんが、やはり生徒が興味を持てるような具体的な課題設定は必須です。そこから、実際の生活や社会に還元できるようなアイディアを出したり、工夫することが学習する意欲を生みだし、学びの楽しさを体感させるのだと思います。生徒たちの姿からもそれが感じられました。

そんな頃に、「教育と探求社」の宮地勘司さん（現ＴＩ代表理事）が学校を訪ねて来られ、当時始まったばかりだった「クエストエデュケーションプログラム[*2]」のことを知りました。

私がクエストエデュケーションプログラムに感じた魅力は、いくつかありました。

一つめは、自分でやっている情報科の授業にすんなりと取り入れられそうなこと。すでに情報科で似たような内容の授業を行なっていたため、ゼロから始める先生よりはスムーズに始められるだろうという見込みはありました。

また、頑張れば全国大会の「クエストカップ」に出られるという、生徒にとってわかりやすい目標もありました。さらに、様々な企業とつながっているという魅力も大きい。「参加すると、企業の人たちからのフィードバックもあるよ」と言われて、その点は私がやってきた

＊1　プロジェクト・ベースド・ラーニング（ＰＢＬ）
Project Based Learningは、キルパトリックのプロジェクトメソッドを基にして発展してきたと言われ、現在多くの小中学校における学習方略の一つとなっている。典型的な流れは、「テーマを設定する」「問題や仮説をたてる」「先行研究をレビューする」「問題解決に必要な知識や情報を調べる」「結果を踏まえて考察を行う」「発表を行ったりレポートを書いたりする」である。この流れは、研究者が行なう研究活動の進め方を取り入れている。
（文部科学省：平成28年度総合的な教師力向上のための調査研究事業［テーマ4］上越教育大学より引用）

＊2　クエストエデュケーションプログラム
株式会社教育と探求社が開発し、二〇〇五年にスタートした教育プログラム。生徒たちは、実在の企業からのミッションや、社会課題に取り組む。現実社会と連動しながら「生きる力」を育む探究学習を行なう。二〇二〇年現在、全国で二〇一一校が実施。生徒の発表する全国大会として毎年「クエストカップ」が開催される。

情報科の授業とは大きく異なると思いました。そんな場に参加したら、きっと生徒たちも大きく成長できるだろうという期待感を覚えたのです。

そうやって取り組みを始めたクエストエデュケーションプログラムですが、最終的には八年連続で全国大会に出場し、クエストカップ二〇一六では「企業プレゼンテーション部門」グランプリと「人物ドキュメンタリー部門」グランプリで二冠を獲得する成果を上げることができました。準グランプリも通算三回獲得し、自分で言うのは恥ずかしいですが、なかなかよい成績を収められたと思います。

ただ、自分自身が何か特別な指導をしたという意識はありません。クエストカップでは、本当にたくさんの優秀な先生たちに出会いましたが、私自身はごく普通の、生徒を愛する一教師でしかなかったと思います。

優秀な成績を残せたのは、私の功績ではなく、生徒たちの気持ちがノッたことが大きかったと思います。あまりとがった生徒がいない女子校だったのですが、生徒たちの持つ雰囲気が、その取り組みにちょうど合っていたと思います。環境面も整っていた。彼女たちがそれぞれの発想や意見をお互いに聞き、私が投げかける質問にもきちんと答えて、一つ一つ着実に積み上げていってくれました。

クエストカップに参加したことは、私自身にも大きな収穫をもたらしてくれました。その一つは、全国から集まるすごい先生たちに出会えたこと。そして、その人たちから何かを吸収したいと思えたことです。みなさん、それぞれに驚くような取り組みをしていて、それらの一部分でも自分の中にも取り入れることができないかなと思ったことが、少し大げさかもしれませんが、その後の私の人生を変えたと思います。

新しい刺激――TIに二期連続参加

TIに参加したきっかけは、学校の外で交流のあった先生から教えてもらったことでした。話を聞いて、新しい刺激があるかもしれないと思い、二〇一六年と一七年に参加しました。二年連続で参加したのは、TIでは参加者がグループごとに分かれてワークショップをつくるというプログラムがあり（ラボ活動）、ラボの講師を務める理事の先生の個性によって、ラボの雰囲気も違ったものになるのが興味深かったからです。一年目を終えて、その違いがどうして生まれるのか、自分で複数のラボを体験することで確かめたいという気持ちが生まれたのです。

TIでは、キャンプやラボ活動などの様々なプログラムを通して、多くの刺激を得ました。

たくさんの考え方や知識にも触れられたのですが、そこで出会った他の参加者や講師との様々な対話を通じて、学びをつくっていけたのが一番よかったことです。それをしている間に「自分もまだまだ学ばないといけない」ということに気付けました。

やはり学びには、そういう刺激が与えられる場が必要なんだと思います。これは、TIに参加して改めて気付いたことでもありますが、自分自身の学生時代の経験からも感じていることです。実は私は、高校時代は落ちこぼれで、あまり勉強もしていなかったのです。特に英語は大嫌いで、中学生の時から何年も英語を学んでいたものの、まったくしゃべれるようになりませんでした。

ところが、大学で中国に留学して、一年くらいで生活には支障がないレベルに中国語を話せるようになったのです。「この違いは何だろう？　今までの英語の学習はいったい何だったんだろう？」と感じました。結局、その時に思ったのは、自分自身が興味を持っていたり、やる気を感じたりする事柄に対しては、人は積極的に学びを続けられるんじゃないかということでした。

これは学校生活でも同じことです。教師がしっかりとマインドセットを整えてあげれば、一生ずっと勉強を続けていけるようなきっかけが生まれるんじゃないかと思います。教師の役割というのは、子どもたちに学びの場を与えてあげること。そして、刺激を与えること。それがうまくできて、子どもたちのマインドセットがしっかりできたら、彼らは自分から学び出すと思うのです。

伝えられるのは「あなたもやってみようよ」

教師としてのモットー、あるいは自分自身のスタンスとしては、「生徒のために」ではなくて「生徒とともに」を大切にしてきました。先生がすごく楽しそうにキラキラしている姿を生徒たちに見せて、そのことで生徒たちが「私たちもやってみたい」と感じてくれればいいという考えです。結局、自分は何かを「教えよう」とは思っていないのです。

確かに、世の中には、非常に多くの知識を持った教師もたくさんいます。そういう先生方は自分の言葉で、すべての教えたいことを教え尽くすことができる。それは素晴らしいことです。ただ、私にはそんなことはできないので、自分が楽しくやっていることを見せて、生徒たちに「あなたもやってみようよ」と伝えるしかないのです。

考えてみると、書道の道に進もうと思ったのもそうだったのかもしれません。書道の美しさ、魅力について言葉で語れるのであったら、私は美学者になっていました。でも、それができないから、私は書道の教師になった。自分で書いたものを見せて、「さあ、やってみましょう」と伝えるやり方を選んだのです。

このやり方を貫くためには、自分自身でもいろんなことをやってみる、新しいことを学んでみる必要があります。新しいことを学ぶのには勇気がいりますが、その勇気を持って一歩前に踏み出して、新しい自分を見つける。このプロセスが学びそのもの、そして「挑戦」だと思っています。

「凡庸な教師はただしゃべる。よい教師は説明する。優れた教師は自らやってみせる。そして、偉大な教師は心に火をつける」

ウィリアム・アーサー・ワードという有名な教育者の言葉ですが、とても好きな言葉です。

この言葉を知って、これだったら自分にもできるかもしれないと思えたのです。「学ぶのは楽しいことなんだよ」と生徒たちに自分が学んでいるところを見せ、時には心に火をつけることができたらいいなと考えて、現在も教員を続けています。

転機の先は様々に転がって…

ＴＩの二年目を終えた直後、私は勇気を持って新しい自分を見つける挑戦をしました。挑戦とは、その年の三月いっぱいでそれまで勤めていた学校を辞めたこと。これは私にとって、非常に重要な転機となりました。背景にはいくつかの事情もあっていろいろと悩んだりもしたのですが、「自分にできることを増やして、また今後のことを考えよう」と気持ちを切り替え、スパッと決断しました。

学校を辞めた後のことを前向きに考えるきっかけになった出来事もありました。ＴＩで知り合ったメンバーも多く参加した懇親会が二月にあり、そこで「フォルケホイスコーレ」の存在を知ったのです。

フォルケホイスコーレは、デンマーク独自の仕組みで運営されている教育機関です。デンマーク政府からの助成金が出るため、入学した生徒は学費の一部を支払うだけでいいという特徴があります。全寮制の学校で、滞在費も必要ありません。一七歳以上であれば年齢は関係なく、また国籍も関係なく誰でも入学できることも特徴になっていて、「大人の幼稚園」とも呼ばれているそうです。

懇親会の場でこのフォルケホイスコーレのことを教えてもらい、「学校を辞めるんだったら、これに行ってみたらいいんじゃない?」と勧められました。私も非常に魅力を感じ、その五日後には行くことを決めました。ところが、いざ申し込もうと入学試験代わりのエッセーを書いて送ったところ、すでに定員に達しているという知らせが届き、入学は断念せざるを得ませんでした。

そこで、今度は友人に相談したところ、別のアイデアをもらいました。それが、フィリピンのセブ島で英語を勉強すること。

「これはいい!」と思いました。先に書いたように、私はそれまでの人生で英語学習から逃げ続けていた。おそらくその時点での英語力は中一レベルにまで退化していたはずです。それを学び直すチャンスだと思い、すぐに手続きを進めて、二〇一八年四月から二ヶ月間、セブ島に語学留学をしました。

セブ島から戻った後は、ボランティアでイタリアに行きました。これも、実はフォルケホイスコーレのことを教えてもらったＴＩの仲間たちとの場がきっかけです。福島の原発事故で被災した小学生をイタリアに連れて行くというプロジェクトがあり、その引率の役割をできる人を探していることを教えてもらったのです。

この仕事をボランティアで引き受け、二〇一八年の夏休みの一ヶ月間、イタリアのリグーリア州ピエトラリグレという場所へ行きました。いっしょに行ったのは、小学三年生から六年生までの男女それぞれ一〇名ずつ、全部で二〇名の子どもたち。前職が教師だったこともあり、子どもたちは私のことを「先生」と呼んでくれました。子どもたちといっしょに遊んだり、イタリア人に習字の授業をしたりする中で、「ああ、やっぱり教師っていい仕事だな」と思いを新たにするところもありました。

「先生はこんなに楽しい人生を送っているよ」

イタリアから戻った後、十月からもう一度セブ島に戻って英語を学びました。この時は三ヶ月間滞在して勉強したのですが、やはり年齢のこともあってか、なかなか英語の習得にまでは至らなかったのです。そこで、一二月に日本に帰ってからは、住んでいたマンションなどの財産を処分していったん実家に戻り、今度は二〇一九年四月から六カ月間、セブ島で腰を据えて学ぶことにしました。

三度目のセブ島では、これまでと同じ学校で、午前中はプログラミング、午後は英語を学ぶという生活を送りました。プログラミングについては、情報科の教師なので、ある程度イメージがついている状態でしたが、その学校でのプログラミング学習はより実践的なもので、卒業後はすぐにＩＴ企業で実際に仕事をしていこうとしている人が対象。二〇代から三〇代の若い人たちに交じって勉強をしていました。

英語だけでなくプログラミングも学ぼうと思ったのは、再就職の際におそらく「武器」になるだろうと思ったからです。小学校でもプログラミング学習が必修になる時代です。今後、小学校からそういう教育を受けてきた子どもたちが中学生や高校生になって、より本格的なプログラミングの知識を得たい、学びたいというケースが出てきても不思議ではありません。その時に、自分自身がそれを教えられるようにしておきたいという思いもありました。

そのためには、自分で身をもってプログラミングを学ぶという体験をしておかないといけない。私自身がプログラミング学習を楽しいと思えるようになっていないといけないと考えたのです。やはり私にとっては、教師が自ら楽しんで学んでいる姿を見て、生徒たちが「自分でもやってみたい！」と思ってもらえるのが一番なのです。

楽しむ姿を見せるというのは、何も勉強のことに限った話ではありません。私はフィリピン滞在中にも、あちこちに遊びに行って「ジンベエザメといっしょに泳ぎました！」とか「ス

カイダイビングをやりました！」というような投稿をFacebookにあげていました。その裏には、今まで出会った生徒たちに「先生はこんなに楽しい人生を送っているよ」ということを知ってもらいたいし、今後、教えるだろう子どもたちにも「先生はこんなことをやったよ、こんな経験をしたんだよ」と伝えたいという思いがありました。

私は、「大人になったら、すごく楽しいことが待っている」ということを、子どもたちに知ってもらいたいと本気で考えているのです。もちろん、私だけではなくて、世の中にはキラキラ輝いている大人がたくさんいます。子どもたちには、そういう人たちに出会ってほしいし、そういう人に出会わせたいのです。

転職情報サイトからのスピード再就職

学校を辞めて二年間、キラキラと楽しく、充実した時間を過ごしていましたが、やはりいつまでも働かないというわけにはいけません。そこで、フィリピンのＩＴ企業に就職しようと思い立ち、採用面接を受けました。二年近くにわたって勉強を続けてきた英語でやりとりしながら二次面接まで進んだのですが、ちょうどコロナ禍が始まってしまいました。先方にも混乱が生じていたようで、すでに私が希望していた部署は定員に達したという連絡が来てしまいました。

気持ちを切り替えて仕事を探すことにして、ビジネス向けの転職情報サイトを眺めていたところ、現在の学校の募集が目にとまり、「面白いな」と感じました。

ビジネスパーソンを多く対象とする転職情報サイトで教員募集をする学校というのは珍しいでしょう。加えて、同校が国際バカロレア（ＩＢ）の認定校であること、そして教務のポジションを募集していることにも、興味を引かれました。なんと英語によるイマージョン教育も行なっている。私としては、せっかく習得した英語。否が応でも英語を使わなければならない環境に身を置いて仕事をしたいとも感じていたので、その点でも条件に合致しました。

これが二〇二〇年三月一五日のこと。翌日すぐに、応募の手続きをしました。その後は、スルスルと物事が進んでいき、四月一日からその学校で勤務することが決まったのです。応募から勤務開始まで約二週間という、極めてスピード感のある展開でした。

いまふりかえってみて、前の学校を辞めて現在の学校に再就職するまでの二年間の「無職生活」は、私にとって本当に必要な期間だったと思います。

ただ、他人の目で冷静に見ると、「学校を辞め、収入もなくしてまでやることなのか」と言われてもしかたがない行動だったとも感じます。正直、リスクが大きすぎます。私はたまたまそのリスクを冒して実行に移すことができる状況にありましたが、世の中、そんな冒険などできない人のほうが多いことは、私も知っています。

でも、本当はもっと多くの先生たちに、私のようにゆったりと学ぶ機会が増えればいいなとも感じています。

今後、学校では子どもたちに「主体的な学び」が求められていくなか、教師も変わらざるを得ない。「学ぶことは楽しいこと」だと教師が自ら実感できる仕組み、そのための時間的・精神的な余裕が制度化されることを心の底から願います。

どんな学び方をする時代が来るとしても

さて、現在の学校に再就職した私を待っていたのは、コロナ禍の中での学校運営という教務の仕事でした。四月一日からの勤務といっても、入学式も始業式もなし。授業もすべてオンラインで行なうことになりました。

中高学部は国際バカロレア（ＩＢ）の授業を行なう関係から、ＩＣＴの環境はほぼ整った状態。生徒たちは、オンライン授業に必要なウェブカメラやマイクを備えたノートパソコンを全員所有していましたし、ソフトウェアの取り扱いにも慣れていました。中学一年生になったばかりの生徒たちだけがまだ慣れていなかったものの、簡単なガイダンスだけで、私の想定よりもすんなりと移行することができました。

また、先生たちも、もともとＩＣＴのスキルは高い人がほとんど。前任の教務の先生がオンライン化に向けていろいろと準備をしてくれていたおかげで、私は「このソフトウェアを使って授業をしてください」という指示をするだけでよかったのです。

ただ、やはり一部の先生からは「オンライン授業はやりにくい」という声も聞かれました。これはあくまでも個人的な意見で、まだうまく自分の中でもまとまっていない考えなのですが、先生たちの反応を見ていると、オンライン授業に向く教科とそうでない教科という二つに分かれるようです。

オンラインに向かないのは、年間を通して最初から最後まで直線的に学んでいくような教科です。段階を踏んで学んでいく必要があるため、対面での授業と比較してどうしても生徒たちの顔が見えづらく、学習状況を管理しづらいオンライン授業は「やりにくい」と感じてしまうのだと思います。

それに対して、単元ごとに学んでいけるような教科はやりやすいと思います。段階を踏む必要があまりなく、テストなども単元ごとに管理しやすいため、逆にオンラインのほうがやりやすいと感じる部分もあります。私が担当する情報科も、こちらのタイプだと思います。

ただ、いずれのタイプの教科も、オンライン授業ならではの工夫は必要です。従来の対面授業のスタイルで進め、その映像をそのままオンラインで流すだけでは、生徒も退屈しますし、学習効率は上がりません。やはり、何らかの新しい試みが必要でしょう。

私の場合は、生徒たちに自分の映像をオフにしてもよいという許可を与えました。その代わり、「授業に集中していないと、突然、意見を求められることがあるよ」という具合に、集中を続かせる工夫をしています。授業の冒頭ではなく途中で急に出席をとるのも、そういう意図で設けた仕掛けの一つです。

これも個人的な意見ですが、コロナ禍で引き起こされた混乱とは関係なく、今後もＩＣＴによってできることは教育の分野でもどんどん増えていくと思います。国による制度やルールがどのように整備されていくのかはわかりませんが、いずれにしても、これまでとは違う学び方の可能性が出てくるのは間違いないでしょう。

これからどんな時代になるとしても、私はこれまでと同様、「学ぶのは楽しいこと」という姿勢を続けていこうと考えています。

7 公教育の価値

大阪府堺市教育委員会
品川隆一 先生

品川先生はいま、教育委員会で働いています。教育委員会で働くということを最初から想定して教師になる方はそう多くはないと思います。一方で、経験と実績を積み、教師という仕事を愛しながら力をつけるなかで、突如としてその異動が告げられるというパターンも、実は決して珍しいことではないと思います。目の前の子どもたちに向き合い、学びを生み出す教師という仕事と、教育委員会のなかで行われる様々な仕事、それらは一見大きく異なりますが、実は深いところでつながっている。そのことを、身をもって教えてくれるのが品川先生の体験談です。感情に正直でとてつもなく人間くさく魅力的な品川先生が、教育委員会という仕組みが持っている大きな可能性に気付き、探究し挑戦していくストーリーは、「学校教育」あるいは、仕組みとしての公教育が本来持っている価値を模索する鍵を示してくれます。

きっかけは「想定外の異動」新たな学びの先に見えてきたもの

転職までして教師の仕事につき、生徒の成長にやりがいも十分な日々……のはずが、想定外の教育委員会勤務。少しブルーになっていた頃、TIと出合い、目指す役割は変わった。

品川隆一

生徒の成長を実感。やりがいある日々

教員免許を取るために大学に入り直し、堺市の中学校教員として採用されたのが三二歳の時でした。ほかの先生と比べたら、社会人生活を経由している分だけ遅いスタートでしたが、ようやく手にした教師の仕事。様々な活動にも取り組み、四年目からは学年主任を任される

こととなり、同学年の先生たちと一緒に考えて独自の教育プログラムもつくり上げました。

これは、中学入学からの三年間を通じて学習していくプログラムで、総合的な学習の時間と教科学習を結び付け、長野県への修学旅行を軸に学校行事を組み立てていくもの。体験型の学習や地域交流というものが中心にあって、生徒たちが学びの意図を持って、自らいろいろな活動をしていくことを目指していました。

具体的な活動としては、生徒が修学旅行で訪れた長野県内で、大阪・堺市の特産品の販売やPR活動を実施したり、逆に堺市内で長野県の特産品を販売したりということを行ないました。また、修学旅行から帰ってきてからは、家庭科の授業と結びつけ、自分たちが中学の三年間で何をやってきて、どういう思いを抱えているのかをまとめたオリジナルの絵本を作り、幼稚園に読み聞かせに行くという活動にも取り組んだのです。

このプログラムの一番の目的は、生徒たちに「授業って、面白いな」と思って欲しいということ。彼らの一日を考えた時に、大半を占めるのが学校で、そのほとんどが授業だという現実があります。その授業が面白くなかったら、生徒たちには苦痛だと思うのです。まずは「授業は面白いな」と思ってもらい、そのうえで、自分たちが授業で学んだことが実生活や社会に出てから役立つということを、卒業するまでに実感して欲しかった。これがスタートでした。

プログラムを通じて、生徒たちの姿は明らかに変化していきました。表情がずっと明るくなって、自分たちで考えて動けるようにもなりました。そして、お互いに助け合おうという意識も芽生えてきたのです。

実際、一年生の時は様々なトラブルが発生していたのに、徐々に子どもたちの間で解決していくようになり、三年生になった頃には生徒指導はほとんどなくなりました。そして、卒業が近づく頃、受験シーズンには、教室のいたるところで生徒たちが男女も入り交じって入試問題を教え合い勉強する姿が見られるようになったのです。この光景は本当によいもので、今でも強く印象に残っています。

元々、中学校に入学してきたばかりの頃の彼らは、自分たちで主体的に何かをするぞという気力を感じる場面も少なく、教室で座って教師からの指示を待っているだけという印象でした。また、ケンカなどのトラブルが起こっても「我関せず」という態度。それが三年間を通じて、意欲も、助け合いの心も、学力も高まっていったのです。生徒たちの成長を本当に実感した充実の三年間でした。

信念は「子どもたちのために」

この三年間は、教師としての自分を大きく成長させることができた期間でもありました。

私は学年主任を任されていましたが、プログラムは私一人で考えるのではなく、学年の教員全員で連携して取り組みました。学年には三クラスあり、教員は私を入れて七人。ベテランもいれば若手の先生もいる中、思うようには進まない計画に、最初は「これはしんどい」という不満も出たのですが、生徒たちの姿がみるみる変わっていくのを目の当たりにするうちに、最終的にはみんなで一丸となって取り組むようになっていきました。

プログラムの内容は、特に参考にしたものもありません。みんなでイチから考えていきました。最終的なゴールだけは決まっていて、そこから逆算して「この時期には、これをやらないといけないね」という大まかなプランだけあらかじめつくっておきましたが、あとはその時になってから考えるスタイル。たとえが悪いかもしれませんが、「出たとこ勝負」のようなやり方で進めていきました。

当然、苦労も多かったのですが、いま思うと、教員になる前の社会人経験も役立っていたと思います。プログラムを進めるための発想として、常に「社会に出た時に、この子たちにはどんな力が必要になるんだろう?」ということを自然と考えられました。

その時の結論としては、やっぱり「自分を表現する力」だろうなと。自分を表現する力というのは、他者との交わりの中でしか出てこないと考え、子どもたちに、できるだけいろんな人と交わる機会を与えようという考えのもと、プログラムを進めていたのです。

例えばそれを、授業参観にも反映させました。

通常は、授業参観というと一クラスごとに教室で授業をして、先生が授業を進めるのを保護者が見学するという形式が一般的だと思います。でも、「このやり方はいやだな」と私は感じていました。わざわざ時間をつくって見に来る保護者からしたら、自分の子どもたちはただ座っているだけで、先生がひたすら話しているのを眺めるというのでは、面白くもなんともないと思ったのです。

そこで、私の学年では、授業参観の日は体育館を借りて、学年全体で一つのことに取り組む活動をすることにしました。体育館の中に四つのブースを設置して、子どもたちをクラス関係なしでグループに分け、それぞれに保護者の前でプレゼンをさせるのです。その間、先生たちは基本的には座って見ているだけです。

このアイデアには、職員会議で他の学年の先生たちから、猛反発をくらいました。「授業参観に先生が授業をしないなんて！」とか「いったい何を考えているのか？」などと集中砲火を浴びたのです。

いろいろと言われましたが、「なるほど、そうですか」と返しながら、結局そのまま実行に移し、最後までやり切りました。私は頑固な性格ですし、何より、そのほうが子どものためでもあるし、保護者にとっても面白い授業参観になるという信念がありました。

想定外の異動——教育委員会

教員として充実した時間を過ごすことができて、自分自身としては、次のステップでは別の学校で新たなチャレンジをするものだと思っていました。そのために指導教諭の試験を受け、合格もしていました。また、当時の校長先生には、教育大学の附属校に異動したいという希望も伝えていました。最後の三年間で取り組んだ独自の教育プログラムを、もっと発展させたいと考えていたのです。

しかし、いざ蓋を開けてみると、異動先はなんと教育委員会。それ以前に「教育委員会に移りたい」と希望したことも一切なく、まったく想定していない事態でした。気持ちの整理がつかないまま、四月からは学校を離れ、市役所での勤務が始まりました。勤務場所の変化だけでなく、仕事内容もすっかり変わってしまい、本当に戸惑いの連続でした。

教育委員会での仕事の中でも、いちばん苦手で、できれば避けたいと感じていたのは電話対応でした。そもそも学校に勤務していた時は、学校にかかってくる電話には基本的に教頭先生が出てくれていました。また、自分が出ることがあっても「今日はうちの子は欠席します」

とか「うちの子は家で勉強しないのですが、どうしたらよいでしょうか」といった、保護者からの連絡や相談がほとんど。日々の仕事の延長で対応できる内容のため、苦手だと感じることもありませんでした。

ところが、教育委員会では、まったく勝手が違います。まだ仕事の内容も把握できていないのに、他の教育委員会からの問い合わせなどに、責任を持って対応しなければなりません。内容がよくわからないことが多いので、正直、電話には出たくないのですが、出ないと上司から怒られます。かといって、電話に出てもちゃんと対応できないと、これもまた怒られます。本

当にいやでいやでたまりませんでした。

また、仕事の進め方もまったく違います。教育委員会では扱う書類の量が膨大で、ちょっと気を抜くとデスクに書類の山ができあがるほど。学校では、上司に書類を持って行ってハンコで決裁をしてもらうという機会はあまりないのに、教育委員会では、印鑑による決裁が「文化」になっています。そして、決裁のたびに説明を求められるのもストレスでした。

学校で子どもたちと一緒に遊んだり学んだりする毎日から、大人だけの教育委員会で電話

や書類、ハンコと苦闘する毎日への急転。「これじゃあ、サラリーマンに戻ったのと同じじゃないか」と悶々とする日々が続き、「なんのために教師になったんだろう」と、本当に毎日、思い悩みました。そして、周囲には愚痴や不満も漏らしていました。

そんな頃のことです。ある人から「たまには職場の外に出るのもいいんじゃないか」ということで、複数の研修プログラムを紹介してもらったのです。愚痴や不満で潰れそうになっている私を見かねて、という意味合いもあったのかもしれません。

ＴＩは、そこで紹介してもらった研修プログラムのうちのひとつでした。大阪あたりの近場で、日帰りでも参加できるプログラムもあったのですが、「山梨でキャンプ」というプログラムが魅力に感じられて、ＴＩを選びました。その当時は強い閉塞感も感じていたので、いつもと違った環境に身を置いて気分を変えることで、それを打破したいという気持ちもあったと思います。

「主体的な学び」を実感

ＴＩのキャンプでの経験は、すべてが新鮮でした。

何も考えず、事前の下調べもせずに参加したのですが、最初のチェックインでいきなり驚かされました。他の参加者たちの意欲がものすごく高いのです。誰もが「こんなことをしたいと考えています」とか「いまはこんな活動をしています」というような前向きな話をしていて、やる気満々。それに対して、私自身は人生でいちばん心がささくれた時期にあったので、「教育委員会に異動になって、毎日ふてくされています。電話が鳴っても出たくないんです。こんなことをするために教師になったんじゃないのに」なんていう話しかできませんでした。

キャンプ全体を通しては、何か特定のアクティビティが特によかったということはなく、一つひとつが自分自身の中に、着実に積み上がっていくような感じを受けました。

いちばん刺激になったのは、基本的には「ＴＩって、何にも教えてくれない」ということ。参加者みんなで考える、みんなでつくり出すというのが基本なのです。そういう基本方針のもとで、自分たちで考えてつくっていくことを実践していると、「ああ、こういうことが学びなんだな」と強く実感することができました。

これは非常に重要なことです。というのも、私たちの世代は「一人の優秀な指導者である先生がその他大勢の生徒に教える」という教育しか受けたことがないのです。つまり、言ってみれば管理型の教育の経験しかない。

それがＴＩのキャンプでは、それとは違う「主体的な学び」を体験できた。自分が教師になって過去に学校でやっていたこと、やりたかったことって、こういうことなんだろうなと思えたのです。これまでの実践で得られた知識や経験が、ちゃんと自分の中で理論的に整理されたような感覚がありました。

そうか、学びって「教えてもらおう」じゃないんだな、と。それを、自分のアタマでもカラダでも実感できた。これは大きな経験です。

それから、他の参加者との交流も大きな経験でした。昼間はみんなキラキラした格好いいことを堂々と口にするのですが、夜の飲み会で話してみると、みんなそれぞれに悩みを抱えている。「うちの職員室はかなり厳しい」とか「同じ先生でも、世代間で現状認識に差がありすぎる」なんて言いながら、自分なりにもがいているのです。「ああ、自分だけじゃないんだな」ということもわかって嬉しく、心強く感じました。

鈴木寛先生の話もとても印象に残っています。

「バタフライ効果」についての解説で、世界のどこかでチョウチョウがバタバタと羽ばたいたら、それが遠い場所で竜巻になるというような話でした。これを聞いて、「そうか、小さなことでいいんだ。大それたことじゃなくても、小さくでももがけば、大きな動きにつながるかもしれない」と思えたのです。

いま、学校の先生は「もがかない」ことを強いられているような気がします。「先生は常に正しい答えを持っていて、子どもから聞かれたら何でも答えるべき」という考え方に縛られている部分があると思うのです。それが、「そうじゃなくてもいいんだな、もうちょっと気楽にやってもいいんだな」と思えたのは非常によかったです。

誰も何も教えてくれないけれど

山梨でのキャンプを終えると、すぐに学びの設計図を考える「ラーニング・デザイン・セッション」があります。そのあとはラボ（グループ）ごとに分かれ、ワークショップを開発していくラボ活動が始まります。

私は前野隆司先生のラボに入りました。前野先生は幸福学の研究者ですが、何かを教えてくれるということはなく、ただ見守っていてくれるだけ。また、ラボの内容はおろか、テーマすらもまったく決められていません。ただ「十二月のこの日に発表してください」ということだけが決まっていて、その日を目指してラボのメンバーで相談して決めていくのです。

そこで、メンバーでZoomを利用したオンラインミーティングを重ねていくのですが、これもとっかかりがないので、なかなか話が進みません。最初は週一回くらいの頻度で集まろうと言っていたのが、そのうちに気付いたらほぼ毎日やっている状態。しかも、毎晩、みんなの仕事が終わったあとに二〜三時間もやっているので、この時期はほとんど毎日睡眠不足だったと記憶しています。

でも、これは楽しい経験でした。決まった答えもないし、誰も何も教えてくれないけれど、だからこそ、メンバー全員でいろんなことを考えることができる。そして、誰もが教育に対して熱い思いを持っている。最高の環境です。

しかも、この時のメンバーはみんなバランス感覚にも優れていました。「古い教育のやり方のなんでもかんでもが悪いわけじゃない」という共通理解のもとで議論を進められたのです。とても創造的な議論ができたと思っています。

結局、発表では、「学びはどうあるべきか」ということをみんなで考えるワークショップを行ない、私自身はその十二月、すべてのラボの発表に参加しました。

全部で四つのラボが毎週末に発表をするので、そのたびに大阪から東京まで出てくるのは

大変でしたが、とても実りの多いものになりました。毎週、異なるラボに参加するたびに、一つずつピースがハマっていくような感覚が得られ、最終的にずいぶん多くのものが自分の中に積み上げられたと思います。

現場実践はTI初の自治体導入

ラボ活動が終わると、今度は実践に移ります。TIのプログラムで学んだことを、自分が今いる現場に持ち込んで、実際に動いていくのです。ただ、自分にとっての現場とは、学校ではなく、教育委員会。TIでの学びを実践としてふだんの授業に取り入れる、あるいは、自分の学校の職員室を改革するといったことはできません。そこで私は、自分がTIで受けたようなプログラムを元にして、堺市の先生たちにも受けてもらう研修プログラムをつくってみたいと考えました。

というのも、教育委員会が主体で実施する従来型の研修だと、どうしても先生たちは「教えてもらおう」という姿勢になってしまいます。でも、それでは主体的な学び、探究的な学びについて考える機会にはならないと、私自身がTIで学んでいます。

また、TIで行なわれているようなプログラムを私たちが見よう見まねで研修として行なっても、参加する先生たちには響かないだろうと思いました。この状況を打開し、大きく前に進む推進力を得るためには、外部者であるTIの人に来てもらって、これまでにないメソッドを取り入れて研修をやることが絶対に必要だと考えたのです。

とはいえ、そのためには予算その他、いろんなハードルを越えなければなりません。当たり前ですが、とても個人の思いつきでできる話ではないのは間違いありません。自分にそれを実現させるだけの働きかけができるか、とても自信はありませんでした。

それでも物事は進むようにできているんですね。結局、多方面にわたる何人もの関係者が動き、様々な事情や思惑がうまく回ってくれたおかげで、二〇一八年にTIのプログラムが初めて、まずはトライアル的に堺市に導入されるということが実現したのです。

このトライアルは土日を利用した自主研修という形で行なわれ、キャンプ（合宿する）以外のプログラムはなるべくＴＩと同じパッケージを使って、先生たちの意識の変容や探究的な学びというものをテーマにしました。

初めての試みに参加してくれたのは、もともと学校で様々な実践をされてきた方々です。成果もある程度は予想がついていました。そして、実際にプログラムは順調に進んでいきました。それでも、八カ月のプログラムが終わりに近づいて、先生たちの実践報告を目にした時は、「これはすごい！」と驚きました。それほど予想を上回る成果を感じられたのです。

例えば、ある中学校の先生は、校外学習の進め方を見直しました。従来のやり方だと、教師が校外学習の目的も行き先も持ち物も決めて、それを生徒に伝えるというのが当たり前でした。それをこの先生は、すべて生徒たちが自分で決めるやり方に変えたのです。

元々、学びというのは子どもたちの手にあるものなのだから、それを子どもたちに「返す」ということにしたと言うのです。

この「学びを子どもたちに返す」という発想、私はとても素敵だと感じました。

それを受けた生徒たちは校外学習の持ち物について議論を深め、結局「スマホは持って行かないけれど、お金は持って行く」という結論を出し、学校の先生たちにプレゼンしました。理由を訊ねると「スマホはなくてもなんとかなる。道に迷ったら誰かに聞けばいいから。でも、お金がないと、何かあった時に自力で帰宅できないから、これは必要」と答えたということです。

一般的に、公立の中学校で校外学習をする時には、スマホとお金というのは絶対に禁止になる持ち物です。それを、生徒が自分たちだけで話し合いをして、「スマホはなし、お金はあり」という結論で先生たちを納得させたのです。生徒たちにとっては、従来の校外学習では得られない、貴重な学びの場になったと思います。

そんな実践が積み重なったこともあり、このトライアルは成功を収めました。いろいろな成果が関係者に認められて、第二期は堺市の公式研修として実施されることになったのです。

市の研修で育成したい人材の姿

第二期は、一年目のトライアルと比べて、参加者の数を少し減らして行なわれました。また、参加者にも若手教員が多く含まれていました。

それでも、この第二期でも確実に成果が上がりました。

例えば、ある教員二年目の先生がプログラム中のチェックインで話した内容が印象に残っています。その先生が勤める学校の職業体験についての話でした。

その学校では地域のスーパーで職業体験を行なっており、買い物かごを回収したり所定の置き場に戻す作業を体験しているのだとか。これは、ここ最近ずっと続いており、その先生自身も学生時代に経験しているのだそうです。

ところが、この二年目の先生は「この職業体験は生徒にとって役立つものになっているのかな?」という疑問を持ちました。なぜなら、その先生には、この仕事がいまから一〇年後も存在しているとは思えなかったから。そして、「他の先生たちはこの疑問を感じたことはないのだろうか?」とも思いました。

そこで、職業体験が終わったあと、職員室で他の先生たちにその疑問をぶつけてみました。すると、「もう終わったことだから、いいでしょう。それを考えてもしかたがないですよ」と言われてしまったのです。

「そういう答えが返ってきたことが、もっとも疑問に感じます」というのが、この先生の結論でした。

これは、私がTIのプログラムを堺市の研修に取り入れて、いちばんよかったと感じられるほどのエピソードです。こういう「従来通りのやり方に疑問を持つ人材」が出てくるようになったこと。これこそが堺市の教育、さらには日本の教育を変えていく原動力になるのではないかと思うのです。誰もおかしいと感じていないことにも疑問を持てる人材を育成することこそが、私がTIの手法を取り入れた研修を通して実現したいことなのです。

現在、この動きは、だんだんと広がりを見せ始めているように感じています。一年目のトライアルに参加した先生のうちの一人が、いまは教育委員会に指導主事として異動してきていて、私と同じような考えを持ってくれています。従来型の教育に疑問を持ち、行動に移すことができる先生たちが徐々に増えつつあることが、堺市にTIを導入したことの成果だと思います。

二〇二〇年に行なうことが決まっていた第三期は、コロナ禍の影響もあって、全てオンラインで実施することになりました。堺市の各学校と教育センター、そして東京のTI事務局や講師をつないでの研修はもちろん初めてのことで、六〇名を超える先生たちが参加しています。GIGAスクール構想に対する不安やトラブルを乗り越えて、先生たちがICT活用の実力をつけているのが、頼もしい限りです。来年度は、さらに内容をブラッシュアップして、ICT活用の面でも他の自治体に先駆けた先進的な研修を堺市で広く実施していきたいです。

意識の向かう先が変わった

さて、教育委員会に異動になった当初は心がささくれていた私ですが、現在は違った心境で仕事を続けています。確実に私が仕事に臨む心のあり方には変化が生まれているのです。具体的には、以前にはあったこだわり、「教師として」という気持ちがなくなりました。自分が学校現場で実践してみたいとこだわっていた部分が消え、自分が「教師として」やりたいことができているかどうかはどうでもよく感じるようになっています。そして、それよりも「堺市の教育がどうすればよくなるか」に、より意識が向かっている。いま、自分が教育委員会でしている仕事が堺市の教育の向上につながるのならば、自分が教師として学校の現場にいるかどうかはどうでもよいことだと思えるまでになったと感じています。

これも、TIによる意識の変容があったからなんだろうなと思います。TIで出会った人たちは、常に新しい挑戦や発信をしています。そういう人たちの前向きなエネルギーに触れて、「豊かな時間」を過ごせたことの影響が大きかったです。

仕事や環境はその時々で変わる。でも結局、「人は人でしか変わらない」と思います。この先立場や役割が変わっていくことはあっても、これからも私は、自分に刺激を与えてくれる様々な人たちと交わり、探究的な学びを続けていきたいと考えています。

8 リーダーの在り方

元静岡県公立小学校校長
八木邦明 先生

学校を一つの組織と考えたとき、ほとんどの場合生え抜きの人材が経営者（校長）にはならず、他の組織（他校）からトップが着任する、ビジョンや理念を掲げても毎年必ず人事異動があり、翌年にはそのビジョンをつくった人の多くがいない。企業などから考えると、そんな複雑さや難しさを抱える組織が実は学校という組織です。そんな学校という組織で校長という役割を担い、自身が掲げる「リーダー像」に悩み、葛藤しながらも、自分が大切にしてきた価値観を内省し、新しい理想の組織の姿、そしてリーダーの在り方を模索したのが八木さんです。校長や教頭、副校長といった学校全体のリーダーだけでなく、学校内で様々なグループのリーダーを担う方、あるいは学校以外の組織のリーダーを担う方にも、共感や学びの多いストーリーとなっていると思います。いまでは一つの学校を飛び出し、地域全体の学び、そして地域自体を豊かにしていく取り組みを始められており、社会と学校の新しい関わり方の可能性も示してくれます。

対話を通じて校長も変わった 先生たちも「もっと自由でいいんだよ」

熱い教師の道を進みながら、いつのまにか「上から目線」になっていた校長が「対話」に目覚め、新たな道を歩み始める出発点となったのは、自分に対する気付きだった。

八木邦明

ドラマのような熱血教師に憧れて

ＴＩには、二〇一八年の全国版三期と二〇一九年の四期の二度参加しました。ＴＩのプログラムに参加したことで、大げさではなく、人生がずいぶん変わったように思います。

青春ドラマに出てくるような熱血教師になりたくて、中学校の教員を選びました。

一九八四年、最初に赴任したのは東京都小平市の中学校です。当時は学校が荒れていて、廊下をバイクで走る、生徒を少年鑑別所に送るということも当たり前のようにあった時代です。赴任初日に校長室に呼ばれると、ドアは蹴られた跡でボコボコに曲がっていました。

そこからは、どうやって子どもたちと対峙していくか、格闘の毎日。学校に赴任して三日目には、生徒が学校外でシンナーを吸っているという通報が入り、驚く私にお構いなく、先輩の先生からの声は「おい、若いの、車出せ！」。

通勤のために買ったばかりの新車で、現場に乗り込んで行きました。そこで生徒とシンナーをやめさせようとする先輩の先生が取っ組み合いを始め、脇でオロオロとする私にも鼻血がバーっとかかってきたり……。まるで刑事ドラマの中に自分が入り込んでしまったような気がして、「こんなこと、とてもできない！」と思いました。

ところが、周りがものすごく熱い先生たちで、夜ごと語り合っては「絶対にあいつらを大人にするんだ、負けないぞ！」と団結する。とにかくみんな、生徒たちの心を動かそうと一生懸命でした。

学校行事にも力を入れました。思い出に残っているのは、尾瀬で行なっていた林間学校です。生徒たちを驚かせようと先生たちみんなで計画し、毎年巨大な火文字を準備しました。深夜まで手分けして縄を編み、理科の先生が点火の仕掛けをして一〇m×三〇mの巨大な火文字を山に浮かび上がらせたのです。生徒たちがわぁっと歓声を上げた光景は、今でも教員としての原体験になっています。

生徒が夢中になるキャリア教育

東京で教員として勤務して四年が経ち、故郷の静岡に戻りました。教員は続けており、英国の日本人学校に行ったり教育委員会に異動したりと、紆余曲折はありながらもキャリアを積み、交流人事で小学校の校長になりました。

ここに至って、小学校と中学校では文化がまったく違うことを実感することになります。小学校の校長職では、自分がかつて目指し、体感したような熱血指導が求められるわけではありません。ベテランの先生たちとも、どうやってうまく付き合っていったらよいのか、よくわからない。中学校でそれなりの経験も積んだ「校長」としての立場ながら、少なからず悩みもありました。

そんな時に、東京の千代田区立麹町中学校で名を馳せていた工藤勇一校長にお会いする機会があり、勧められて教育と探求社が主催している教育イベント「クエストカップ」(145頁参照)を見学したのです。キャリア教育の一環として見に行ったのですが、そこにはものすごい熱気がありました。部活動でもない、授業の成果発表にもかかわらず、子どもたちが泣いたり笑ったり、すごいフロー状態で学んでいるのを目撃。どうして子どもたちがこんな風になるんだろう、いったい教育と探求社ってどんな会社なんだろうと、電話をかけて話を聞いたりもしました。

その後、教育と探求社の社長でもあり、ＴＩの代表理事でもある宮地勘司さんの話を聞く機会があり、とてもワクワクしました。

教育の現場は、ある意味で狭い領域だと感じています。私が教育委員会にいた時も「上司から言われたことをやっておけばいい」とでもいうような「前年踏襲型」の業務がすごく多かったのです。でもこうやって、壁を乗り越えて、いろんな考え方を得て、挑戦をしているのが宮地さんであり、工藤校長であり、クエストカップの場にコミットしている企業の人たちなんだなと、感銘を受けたのです。

その頃から、ぼんやりと「地元の静岡でも、探究型であんな風に子どもたちが熱中するようなキャリア教育をやってみたい」と思うようになりました。

そんなある日、ＦａｃｅｂｏｏｋでＴＩ三期生の募集告知を発見しました。それは、21世紀型教育を学ぶといった内容でした。ただ、若い先生方が語り合うような写真が使われていたので、自分が参加するのは場違いかもしれないとも思いました。そこで、宮地さんに「こ

れって、私でも出られるんですか?」と恐る恐る聞いたところ、「もちろん!」と即答されました。何か変化を求めたくて、とにかく動かなきゃ駄目だと思って、好奇心から参加したというのが本当のところです。

「上から目線」の校長だった

TIのプログラムで得た一番大きな気付きは、自分がいつのまにか「上から目線」の管理職になっていることを認識したことです。

実は「上から目線」の理由には、思い当たるところがあります。

それまでのキャリアでは、主に生徒指導を任されてきました。この仕事では緊急事案に対処する機会が多くあり、リーダーとして対応策を即座に決める必要がありました。周りにパッと指示を出して動くことが多かったので、そのやり方に慣れてしまっていたのです。

また、教頭になった時も、部下が何か相談してきても、すでに自分の中では「何を指示するか」の答えが決まっているので、対話が起きません。特に教頭なんて忙しいから、「言いたいことはわかった」とばかりにひたすら相手が言い終えるのを待っているところがあります。だから、全然部下に寄り添えてないのです。

自分の言いたいことをいったん保留して、相手の立場に立って声を聞く感覚が全くありませんでした。また、その必要も感じていない。そして、そのことについて無自覚でした。

一方、TIのプログラムでは、対話を通じたグループワークで新しいワークショップを開発していきます。二〇代や三〇代の若いメンバーに比べると陳腐なアイディアしか出せず、対話にもうまく参加できない自分と向き合うことになり、私は鼻っ柱をへし折られたような気分で悩んでいました。もうすっかり自信を喪失して、全然チームに入っていけない、ついていけないという気持ちになって、ある日、一人のメンバーに相談したのです。

その人は私の話を聞き終えると、やおら「八木ちゃんの中にいる黒ヤギと白ヤギを言葉にしてみない？」と言い出しました。

誰の中にも「上から目線のプライドが高い自分」と「もっと学びたいという自分」という

二つの心の声があるのではないでしょうか。その二面性を、私の苗字をモジって「黒ヤギ（八木）」「白ヤギ（八木）」という言葉で言い表わされたのです。この表現が妙に心に響き、それから私は常に「黒ヤギ」と「白ヤギ」を意識しながら、対話をしていくようになりました。「黒ヤギ」は、他者の話を聞いているようでいて、心の中では「何かカッコイイことを言ってやろう」とか「自分の爪痕をなにか残したい」と考えていたりします。目の前の他者に目を向けていない。それから、ワークショップで新しい知識や方法論を聞いても、内心では「へえー、そんなの知ってるよ」なんて、今まで自分が得た枠組みの範疇《ちゅう》で考えている。だから学びが起きないのです。

キックオフキャンプの初日には「私の履歴書」を書いたのですが、実はここでも私の中にいる黒ヤギが邪魔をしていました。他の参加者は「素の自分」をさらけ出すように書いているのに、私はどうしても「体よく」書いてしまう。

でも、その対話を通じて、そんなプライドが高い自分の姿に疑問を投げかける「白ヤギ」の声にも気がついたのです。もっと学びたいなら、ただこのチームに身を任せていってみよう。自分が思うほどこのチームの役には立てていないけれど、一緒にみんなでつくっていけたらいいじゃないか。そう思えるようになりました。

部下や保護者との関係が変わっていった

こんな経験を通じ、「対話」について自分なりに理解が深まっていったことで、職場の同僚とも良好な関係を築けるようになりました。当時の私がTIに出会わないまま校長を続けていたら、もっと「上から目線」の校長になっていただろうなと思います。

それを象徴するようなエピソードがあります。

TIに参加して一カ月ほど経ったころ、私の学校にいるベテランの女性教員から「もうちょっと私にも寄り添ってください。ちゃんと話を聞いて欲しい」と、詰め寄られたことがありました。自分としてはしっかり

話を聞いているつもりだったのですが、どうしてもすぐに答えを出して、指示をするばかりになってしまっていたのでしょう。その先生のことを本当の意味で受け止められてはいなかったのです。

ところが、ＴＩの研修が終盤を迎えた頃に、またその女性教員が校長室にやって来ました。そこで言われたのはこんな言葉でした。

「最近、校長先生は柔らかくなりました。校長先生から受ける印象が全然違います。他の先生たちもそう言っています」

おそらく、ＴＩに参加したことで自分の意識が変わりつつあったのでしょう。相手の話を聞いたら、口を突いて出る答えをいったん自分の中で「保留」して、もう一度話をよく聞いてから反応する――そうやって、「対話」ができるようになってきていたのです。

校長の時に私が課題に感じていたのは、職員室の対話そのものでした。新たに挑むことには後ろ向き。会議ひとつとってみても、前年踏襲型の提案が並ぶ予定調和の雰囲気が流れており、そんな空気を変えたいと思いました。

どんな生徒も教師次第で変われる。私はそのように実感しています。最初の勤務校のように、暴力行為が過ぎて施設に行く生徒もいるような学校での勤務経験もあります。しかしそんな学校でも、先生が変わると生徒も変われるのです。

私が目指したのは、「誰もが自由に発言でき、新たな価値が生まれる職場」でした。職場の空気感を変えることで生徒にもよい効果があらわれる、そんな環境を目指したのです。TIで対話の力を体感した私は、その文化を子どもたちにも醸成したいと思いました。先生たちにも、「子どもに対話の文化を育みたいので、まずは先生方で試してみませんか」と伝え、小さい取り組みを積み重ねようと決めました。

そんな中で、とても心強いパートナーが現れました。それが当時の教頭です。教頭先生は私との会話に時間を割いてくれ、二人の間に深い対話や相互理解が生まれたと感じられる瞬間もありました。会議では指定席でなく座る場所を自由にしようと提案してくれたり、前向きなアイデアがたくさん生まれました。

私たちは最初に、研修で四〜五人で構成される小グループをつくり、ひとつのテーマを決めてアイデア出しすることを始めました。「自分も他人も決して否定をしない」というグラウンドルールをつくり、他の人の発言の意図を丁寧に汲み、なぜそのように考えるのかを理解して自分の意見を重ねていく作業です。

この取り組みがうまく行き、職員室で対話の文化が浸透していくと、現場の先生たちからは、「すべての会議を対話形式にしたい」という発言が出始めました。現場教員が積極的に対話に取り組むようになっていったのです。

学校代表の教員を京都市立葵小学校に派遣し、子どもたちの対話の様子を実際に見てもらうこともしました。実はこの小学校にはＴＩの前身となるキャンプに参加された市村淳子先生が校長として赴任され、対話型の学びに取り組んでいたのです。派遣された先生は、その学びの様子を目の当たりにし、本当に感激したようです。

ある日、この先生から「学校の当たり前を見直しましょう、〝〇〇すべき〟という、あるべき論を探して見直しましょう」という発言がありました。自分が着任した時、予定調和ばかりの会話だった職員室から、そのような声が出てきた。その瞬間は本当に嬉しかったです。

まずは校長が自分自身を丸裸に

校長である自分自身をも丸裸にすることで、もっと対話の文化を浸透させることができるかもしれないというヒントをもらったのもTIです。

二〇一九年一二月、TIが主催した勉強会に、カルビー株式会社の執行役員・武田雅子さんがスピーカーとして登壇されことがありました。武田さんにはクエストカップでもお目にかかったことがあり、お話が聞けるのをとても楽しみにしていました。注目の女性リーダーであり、がんサバイバーとしても積極的に啓蒙活動を展開されていることから、いろいろなメディアにも取り上げられている方なのです。

その勉強会では、武田さんがリーダーとして心の鎧をいかに脱ぐかを話してくれ、ご自身が実践している「リーダーズ・インテグレーション」という、リーダーと部下の信頼感を高めるためのワークショップの方法を伝えてくれたのです。「こころの裸族になろう」という武田さんの言葉が胸に深く残り、学校でもこのワークショップにチャレンジしてみることにしました。

リーダーズ・インテグレーションで行なったことの流れは、次の通りです。

まずはじめに私が「自分自身を丸裸にしてメンバーからの意見を受け入れたい」という旨の説明をして退席します。その後、私がいない場で教頭先生のファシリテーションによって、リーダーである校長・八木について、①知っていること、②知りたいこと、③知っておいてほしいこと、④改善してほしいことの四つを先生方みんなで出し合い、書き出していってもらいました。もちろん匿名で、どの意見をだれが言ったかはわかりません。

先生たちの対話が一段落すると、再び私が場に呼ばれました。なるほど、現場の先生たちは私が思っている以上に、リーダーである自分を見ているんだなという気付きがありましたし、面と向かっては言えないであろう要望も出されていました。そして、現場の先生が何を期待しているのか、何を疑問に思っているのか、何を改善してほしいと思っているのか、認識を共有することができました。

その場で応えきれなかったこともあり、後日、先生方が書き出したすべての項目について私からコメントを作成し、校長室だよりで返しました。この作業を通じて、少し「こころの裸族」に近づくことができたのではないかと思います。

みんな自由でいいんだ

私は地元で、子育て相談のようなことも個人でやっています。すると、お母さんたちが「うちの子、こういうときに行動が遅いんですけど……」「これをなかなかしてくれないんですけど……」「どうしたらいいですか?」なんてぐあいに、困りごとを訴えてきます。

私はそれに対して、すぐにアドバイスや解決策を示すことなく、ただひたすら、それによって何が「困る」のかを問い返します。「行動が遅いと何が困るんですか」「それをしないとどうしてダメなんですか」と何度か繰り返して聞いていくと、お母さんはだんだん答えに詰まってきます。結果、「普通なら……」「他の人は……」といった言葉しか出なくなってくるのです。

何か結論めいたことに誘導もせず、解決策を伝えているわけではないのです。ただお母さんの話を聞いて、感じたことを素直に返しているだけ。でもそれが、お母さんにとって話を聞いてもらえるという安心・安全の場をつくれているのかもしれないと思うのです。

そのまま、じっくり話を聞きながら対話をしていくと、だんだん自分自身で気付いていくのです。子どもについて世間体とか固定概念をすごく気にしていたとか、時にはお姑さんの目線にも囚われていたとか。既存の枠組みに囚われて、お母さんたちが自分で自分を苦しくしているというケースがすごくあるなと感じます。

そんな枠組みの中で親たちも先生たちも生きてしまっているから、なかなかうまくいかない。心のコートも脱ぎ捨て、自分で貼ってしまった〝こうあるべき〟というレッテルをはずすような対話を、現場にとにかく持っていきたい。私が期待しているのは、先生方がそういう対話の価値をしっかりと理解した時に、子どもたちとの向き合い方も変わるんじゃないかということなのです。

よく学校現場では「みんな違って、みんないい」と言ったりしますが、ようやくその意味がわかってきました。まずは、みんな自由でいいんだと思うのです。それぞれがよりよく生きていく、その先にいい学校があったり、いい世の中になっていくんだなということを、ＴＩの場が教えてくれたように思います。

地元の学校と企業と社会をつなぐ「シヅクリプロジェクト」始動！

ＴＩで学ぶうちに、自分のキャリアも大きくシフトすることになっていきました。

初めて「クエストカップ」を見た時から、静岡でも学校と企業と社会と子どもたちをつなぐプロジェクトをつくってみたいと考えるようになっていました。交流人事が終われば、私は小学校の校長から中学校に戻ります。その時に、本当に子どもたちが生き生きと取り組める探究型のキャリア教育プログラムをやりたいと思っていたのです。

そこで、教育と探求社が持つキャリア教育のノウハウをもっと知りたいという思いから、二〇一八年の冬、TI三期の終盤頃ですが、クエストカップにボランティアスタッフとして関わってみることにしたのです。TI三期と並行して、土日を利用して静岡から東京まで通い、大学生スタッフの研修を見せてもらったり、会議に混ぜてもらったり、プログラムについて学んだりしていきました。

そのプロセスの中で、二〇一九年一月二六日に教育と探求社と協力し、静岡でワークショップを実験的に行なうことになりました。場所は静岡市立大里中学校で、教員四〇名が対象。当時、大里中学校の校長だったのが山下由修先生でした。

シヅクリ代表・山下由修さん
（元・大里中学校校長）

当日は宮地さんも静岡まで来て、なぜ探究的なキャリア教育を始めたのかを熱く語ってくれました。その日の夜の飲み会でも「静岡で探究型のキャリア教育を必ずやろう！」と意気投合し、盛り上がりました。そして、二月に開催されたクエストカップ本番でも、山下先生が大里中の教員たちと一緒に見に来てくれました。

そこからが急展開です。実は山下先生は、その春に中学校の校長を定年退職し、次のキャリアが決まっていました。ところが、「オレ、八木ちゃんといっしょに静岡のキャリア教育プログラムをつくる。そのために退路を断つよ」と言い出したのです。

山下先生には、教育にたずさわって欲しいと他にもいくつもの声がかかっていたようです。でも、それもすべて断って、静岡のキャリア教育を本気でつくることにコミットすると宣言し、プロジェクトが始まったのです。このプロジェクトには、「シヅクリプロジェクト」という名前がつきました。子どものシ、教師のシ、志のシ、静岡のシからとったものです。

そして、私自身もこのプロジェクトに人生を賭けることを考えはじめました。そしてついに校長職を辞することを決めたのです。

校長を辞めることに、特に怖さは感じませんでした。妻にそのことを伝えたところ、「自由人だからね、あなたは」と認めて（あるいは、諦めて？）くれました。ちょうど息子が大学四年で、翌年から社会人になることもあり、「子どものほうにはお金がかからないし、やってみたらいいんじゃないの」と言ってくれたのです。

辞職を考えはじめた時点では、定年までまだ五年以上ありました。決断するにあたって、そのまま校長職を続けて、定年で辞めたときのことを想像してみたのです。「静岡のキャリア教育をつくりたい」という気持ちを抱えながらそのまま校長をやって勤め上げた時に、〝いい人生だった〟とはとても思えないという確信がありました。

一方で、新しいプロジェクトのことを想像したら、すごくワクワクしてしまう自分がいました。静岡には、グランシップという大きなホールがあります。そこで、この学びを受けた静岡の子たちがクエストカップみたいに集まって大会をやれたら、最高じゃないかと。校長を辞めてしまってうまくいくかどうかはわからないけれど、そっちに向かって走ってみたいという気持ちになりました。

コアに生きる

二〇一九年十月に一般社団法人シヅクリが設立され、シヅクリプロジェクトがトライアルでスタートしました。代表は山下由修先生、私は理事に就任しました。静岡県の学校と企業、市民を結びつけて、未来を担う人材を育成する活動をしています。二〇二〇年度から本格的に取り組みを始め、静岡県内の八社の企業と、七つの中・高が参加し五六〇人の生徒が学んでいます。

シヅクリプロジェクトのメッセージは「コアに生きる」。コアとは内なる自分、自分の真ん

「シヅクリ」授業スタート

県内中高生に体験学習、企業と連携

経営資源使った活性化　年明けに発表会

シヅクリプロジェクト参加企業・学校	
地元企業	鈴与グループ
	タミヤ
	アイエイアイ
	静岡新聞社静岡放送
	三菱電機
	リョービ
	建設システム
	トヨコー
中学・高校	静岡県立駿河総合高校
	東海大学付属静岡翔洋高校
	常葉大学付属常葉中学校
	静岡大学付属静岡中学校
	静岡市立東豊田中学校
	静岡市立藁科中学校
	沼津市立大岡中学校

『日本経済新聞』2020年10月15日（静岡版）より

中にある本質という意味です。一人一人が最も大切にしていること、心から好きだと言えることに出会い、自分らしさを発揮して、躍動する社会をつくりたいという願いを込めました。

私のコアにあるのは、二年前に立教大学で見たクエストカップのあの熱気を静岡で起こしてみたいという気持ち。手を当ててみると、ワクワクする正直な感覚がお腹から湧き上がってくるんです。最初に「ドラマのような熱血教師」に憧れたと書きましたが、今はシヅクリという立場から「静岡の若いやつ、もっともっと来いよ！」と思っています。学校から越境して違う世界に行ったようですが、根っこは同じです。

そして、不思議なことですが、自分自身が「コアに生きる」ようになると、それに必要な人と遅からず、早からず、見事なタイミングで出会えるようになってきました。立ち止まらずに、自分の実現したい願いに従って動いていると、次々と必要な方が現れてくるのです。シンクロニシティとでもいうのでしょうか。毎日が刺激に溢れていて、面白さを実感しています。

先生が自由で創造的になるための手段

実は、二〇二〇年三月の辞職にあたり、教育委員会からは強く慰留されました。現役の公立学校の校長が病気や不祥事でもないのに辞めるなんて考えられないというのが、大方の見方です。

たしかに、人事の面ではとんでもない迷惑をかけているのかもしれません。特に交流人事の最中ということもあり、それこそ組織の側の人間にとっては、あり得ない申し出だっただろうことは、私にも想像がつきます。

ただ、自分の意思で辞めることがこんなにも大変なのか……とも思いました。辞職という選択に対して、組織があまりにも硬直的でネガティブな反応なので、一度、宮地さんに相談してみたのです。すると、返ってきた言葉は「そういう硬直的なシステムの中で、みんな（がんばって）生きてるんだよね」というものでした。

つまり、辞職を止めようとする人たちが変化に対してネガティブなわけではなくて、個人でどうにもできない組織という〝システム〟があるんだよ、というのです。「そのシステムを、外に出て変える（自由にする）と思えばいいんじゃないの？」と言われて、そうだなあと納得しました。

私は現場が長い人間なので、先生たちがみんな、熱意を持っているのがわかるのです。みんな真面目だし、一生懸命やろうとするし、「子どものため」というキーワードがあれば、誰もがちゃんと動きます。

けれど、何をしたらいいかがわからないのと、過酷な勤務状況によって、言われて動くしかなくなっているという感じがします。いわば、みんながとっても重たいコートを着て、重たいヘルメットをかぶって、一生懸命、今ある枠組みの中で仕事をしているわけです。

私たちが受けてきた教育というのは一斉教育で、「レールに乗りなさい」という教育です。常に丸くいるように、常識に当てはまっているようにという教育。そこから抜けきれていないのです。もっと、解き放たれてもいいのに……。

ＴＩのプログラムがすべて完璧だとは思いません。でも、私が知っている中では、先生たちが自由で創造的になるためのひとつの手段にはなりうると感じているので、静岡でもＴＩのプログラムをできたらいいのにと思っています。そうしたら、みんなもっと豊かに教師ができるような気がするのです。

ＴＩから何か学ぶというわけではありません。先生たちが「もっと自由でいいんだよ」という実感を得ることのきっかけに、ＴＩがなればいいと思っています。

第3章

研究的視点から

〈特別寄稿〉

法政大学キャリアデザイン学部教授／
ティーチャーズ・イニシアティブ理事
児美川孝一郎

教育界の閉塞を打ち破る

ティーチャーズ・イニシアティブという「野望」

児美川 孝一郎

いきなり私事から書きはじめることをお許しいただきたい。僕は教育学の研究者ではあるが、専門は青年期教育やキャリア教育である。だから、教師教育（ここでは、養成・採用・研修の全プロセスを含めて、幅広い意味でこの用語を使う）のプロではない。そんな僕が、なぜこの本に登場して、教師を論ずるのか。いやそれどころか、もとを正せば、僕はなぜティーチャーズ・イニシアティブ（以下、ＴＩ）という企図、おそらく正統派の教育学研究者からは、よく言って「野望」、悪く言えば「無謀」とも見做されかねない企みに参画しているのか。

以下、この「なぜ」に答えてみたい。

このことは、半ばは教育学の研究者、半ばは個人としての僕の思いを伝えることではある。しかし、それは同時に、この本に登場する八人の教師たちの物語を、僕なりのこだわりで、教育学的にフィーチャーすることにもなるはずである。いや、それだけではない。現在の日本の教育界が、なにゆえにＴＩのような企てを必要とするのかを解き明かすことにつながるのでないか。勝手ながら、そんな妄想を膨らませている。

少々理屈っぽくなるかもしれないが、しばらくお付き合いを願いたい。

教師教育改革のこれまで

現在の日本の教育は、山ほどの課題を抱え込んでいる。「複合汚染」と言えばよいか、「制度疲労」と言うべきか、事態はなかなか厄介である。特定の教育問題に着目すれば、それに対処するための「個別最適」な解は存在するかもしれない。しかし、ではその解に沿って、素朴に行動しさえすればよいのか。おそらく、当該の問題はおさまるかもしれないが、今度は予期せざる結果として、別の問題を悪化させたり、新たに発生させてしまったりすることも少なくない。要は、ある種のシステム思考に立って、「全体最適」な解を探る必要があるのだが、それはそう簡単なことではない。

教育の世界では、これまでにも「個性重視の原則」「生涯学習社会への移行」「21世紀を展望した教育」「新しい学力観」「生きる力」「知識基盤社会への対応」といった教育改革を導く理念が提起されてきた。現在では、「Society5.0時代の教育」や「教育のデジタル化（DX、デジタル・トランスフォーメーション）」が、それに当たるのだろうか。これらが、先の意味での全体最適を導く理念として機能すればよいのだが、どうもそうはいかなかった。少なくとも、これまでは。だからこそ、教育改革の理念は矢継ぎ早にすげ替えられ、この二十年、いや三十年あまり、日本の教育界は、間断なき教育改革状況が連鎖する事態に置かれてきたのである。結果、学校現場には、誰の目にも明らかな「改革疲れ」の感覚が蔓延してしまっている。

これこそが、今日の日本の教育界を覆い尽くしている閉塞である。なぜ、こんなことになってしまったのか。

指摘したように、今日の教育問題は、複合汚染のように成立している。だから、素朴な「犯人さがし」をしても仕方がないことは、自明なはずである。しかし、にもかかわらず、この三十年あまりの教育政策を見ていると、気になる動きがつねに存在してきた。それは、教育改革が提唱されるたびに、それと連動するものであるかのように、「教師教育改革」の必要性が主張され、随伴してきたという事実である。要するに、教育改革をすすめるためには、その担い手である「教師の意識改革が必要である」「教師が変わらなくてはならない」といった理解が、つねに幅を利かせてきたのである。それは、犯人さがしではないと言われるかもしれないが、教育改革をすすめていく際のボトルネックの位置に、教師という存在を措定するものである。こうやって教師たちは、確実に追い詰められてきた。

ちなみに、これまでの教師教育改革が焦点と定めてきた局面は、主として二つある。

一つは、大学における教員「養成」の段階。この間、教育職員免許法（以下、教免法）が改正されるたびに、大学の教職課程においては、教員免許を取得するために必要となる科目数や単位数が増やされてきた。また、教職大学院が創設され、都道府県では、教職課程を履修する学生向けの「教師養成塾」のような取り組みが開始され、教員養成における（ある意味わかりやすい）「精鋭人材コース」が整えられてきた。さらに、「教職課程コアカリキュラム」が策定され、各大学における教職課程教育の自主性や自律性を制約してでも、教育政策サイドのねらいに沿った教員養成の実現がめざされてもきた。

もう一つは、現職教員に対する「研修」。初任者研修や教員免許状更新講習の導入が典型的であるが、教員キャリアの特定ステージには悉皆《しっかい》の研修がセットされ、その他の研修と併せて、「官製研修」の網の目が張り巡らされてきた。さらに、近年では、都道府県が「教員育成指標」を策定することが義務づけられ、「学び続ける教員」を標語にしつつ、教員キャリアの各ステージでの研修のさらなる体系的な整備が図られようとしている。

それでは、思いきって、問うてみよう。

こうした教師教育改革は、先に述べたような日本の教育界の閉塞を打破することに、そのための教育改革の推進に寄与したのだろうか。残念ながら、どんなに贔屓目に見たとしても、僕にはそうは思えない。それは、日本の教育界の閉塞を打ち破るどころか、教師たちをただただ疲弊させ、日本の教員社会にさらなる閉塞状況をもたらしただけなのではないか。

教師教育改革を見る視点

「やってられないよ。」

教師たちの悲痛な叫び、声にもならない嘆きが聞こえてきそうである。いや、そうやって実際に職を辞していった教師がいることもよく知っている。とはいえ、ここでは、そうした教師たちの嘆きや怨嗟には最大限の共感を示しつつも、この話題は、これ以上引っ張らないことにする。

議論を元に戻して、これまでの政策サイドによる教師教育改革は、なぜうまくいかなかったのか、その失敗の原因を探ってみたい。

ただし、本題に入る前に、この問題に関する僕自身の立ち位置を確認しておく。端的に表現すると、まず僕は、この三十年に及ぶ教育改革が首尾よく運ばなかった原因が、教師の意識の低さや資質・能力の不足にあったとは考えていない。日本の教育の困難は、そもそもが複合汚染なのだから、そんな素朴な原因論が通じるはずはない。ただ、にもかかわらず、この三十年あまり、次々と教師教育改革が企てられてきたのは、なぜなのか。それは、教育改革を主導してきた者たち（もっと言えば、政治家や政策担当者たち）にとっては、教師に責を負わせることが、自分たちには責任が回ってこない仕方での、もっとも都合のよい犯人さがし（「犯人」の特定と世論への「人身供犠」）になるからではなかったかと思っている。

しかし、である。とはいえ、現在の日本の教育が奥深い閉塞に直面していることは事実である。そして、その閉塞を打破していくためには、実は日本の教師たちにも、力量形成や成長、自己変革や行動変容が求められる側面がある、とも僕は考えている。少々ややこしいポジション取りに見えるかもしれないが、そうではない。

閉塞した日本の教育が、現在の難局を切り抜けていくためには、教育にかかわる法、制度、財政、政治、行政、そして、もちろん学校運営や教育実践が変わる必要がある。さらには、ステークホルダーである政治家、官僚、自治体の首長、教育委員会の委員・職員、学校管理職、保護者、生徒も変わる必要がある。そうした一環として、当然、重要な当事者である教師にも変化と成長、自己変革が求められる。言いたいのは、それだけのことである。教師たちを犯人に仕立てあげるつもりは毛頭ないが、当事者や関係者みんなが変わる必要があるという論理（責務）から、教師だけを除外（免除）することはできない。

こうした僕の立ち位置からすれば、これまでの教師教育改革がなぜ失敗したのかを探ることとは、まさに「反面教師」として、教師たちの自己変革を励まし、促すためには、何をしてはいけないのかを確認する作業にもなる。

なぜ、これまでの教師教育改革は失敗を繰り返したのか

では、何が原因で、これまでの改革は失敗を続けてきたのか。語りすぎないように気をつけながら、端的に指摘しよう。

第一に、これまでの教師教育改革は、教員養成課程にいる学生であれ、研修を受ける現職教員であれ、当事者たちをワクワクさせなかった。期待を抱かせないうえに、当事者にとっての切実なニーズに基づくものでもなかった。そんなことでは、いかなる養成・研修メニューが示されたとしても、誰も本気で取り組もうとは思うまい。

第二に、これまでの改革は、教育者を信用していなかった。むしろ、不信感を前提にして、

施行されてきたようにさえ見える。

この国の教育政策は、教免法の改正のたびに教職課程に過重な負荷をかけ、教職課程コアカリキュラムに至っては、教職科目の具体的な教育内容にまで統制の手を広げてきた。これはいったい、どういうことなのか。教職課程の教育に携わる大学人たちが、自主的な努力によって教員養成教育の改善や充実に努めることは、はじめから期待されないどころか、そもそも想定されていない。法的に義務づけ、指示し、コントロールしなければ、教職課程の教育は良くなるはずがないという「盲信」がまかり通ってきたのである。

現職教員に対する研修も同様であろう。教師たちの自己研鑽や力量形成のための努力、現に存在している自主的および集団的な研鑽の取り組みなどは尊重もされず、全体に対して機械的に、上からの官製研修をかぶせることしか考えられていない。

第三に、こうした「不信ありき」の教師教育改革では、研修などの中身は必然的に管理・統制的なものに帰結する。教師たちの自発性や主体性の発揮は促されず、むしろ抑制が求められる。そうした研修は、当然のことであるが、形だけの表層のものになって空洞化する。

世界の教育改革においては、ＯＥＣＤの「生徒エージェンシー（Ｓｔｕｄｅｎｔ Ａｇｅｎｃｙ）」にしても、日本の学習指導要領における「主体的な学び」にしても、学習者の「主体性」こそがキーワードである。そうした主体性を子どもたちに育むべき教師たちには、実は主体性が尊重されていない。そんな戯画的な構図が、教師教育の界隈には現出してしまっている。

最後に、これまでの教師教育改革は、教師たちを教育界の内部に「幽閉」しながら、その力量形成を図ろうとしてきた。

教育界の閉塞の打破を目的とするのであれば、このやり方は、いささか自家撞着である。都道府県によっては、現職教員の長期の社会体験研修（企業、社会福祉施設、社会教育施設等への派遣）を実施している教育委員会もある。しかし、派遣される人数は、驚くほど少数に限定されている。教育の世界が安定している時期であれば、教育界内部の専門家や熟達者が、一般の教員を指導する研修の意味や効果もあるのだろう。しかし、現在の教育界は、そんな安定期にはない。かつて通用したやり方にすがっているだけでは、「突破口」は見えてこない。それればかりか、教育界内部の閉鎖的な組織文化を拡大再生産することにも帰結しかねないのである。

発想の転換へ

述べてきたような意味で、これまでの教師教育改革は、ことごとく失敗してきた。とすれば、発想を大きく転換しなくてはならない。

すでに指摘したように、日本の教育の閉塞を打開していくためには、多様なステークホルダーたちが共変する必要がある。そのなかで、教師の変容は必須である。では、教師が変わるためには、どのような研修が求められるのか。いや、そもそも「研修」という言葉じたいに、古臭く、およそ役立ちそうにもない「昭和」の香りがたち籠めているのかもしれない。であれば、言葉をかえよう。教師が変わるためには、どんな「学びと成長の場」「自主的な研鑽の場」が求められるのか。このことを考えてみるためのヒントは、すでに示唆したように、反面教師としての従来の官製研修の失敗要因のうちにある。

一つめに、日本の教育の未来を担う教師たちの研鑽の場は、徹頭徹尾、自主的で自発的なものでなくてはならない。

これまでの研修は、「初任者研修」にしても「十年経験者研修（現在では、中堅教諭等資質向上研修）」にしても、あるいは、その他の経験年数の経験者研修や、管理職、主幹教諭、指導教諭向けの「職階研修」にしても、すべて、誰が研修を受講すべきかを、教育委員会が決めてきた。それは、法律に基づく場合も、教育委員会の独自の判断による場合もあるが、対象者の選定そのものは、経験年数や職階といった教員の属性によって自動的に（機械的に）決められる。言ってしまえば、従来の教員研修とは、個人の側の意欲やニーズとは無縁な、特定の属性集団に向けられた集合研修だったのである。

まずは、この発想を大転換して、教師たちの研鑽の場は、個人としての教師が自ら選んで参加する自主的なものにする必要がある。もちろん、教育委員会や学校の管理職が、教師が個人として研鑽の場に参加できるような条件や環境を整えたり、そうした研鑽の場を紹介したり、参加を勧めたりするといったことはありうるだろう。ただし、最終的な参加の意志決定は、教師自身によって自主的・主体的になされることが、やはり大原則とならなくてはならない。

二つめに、教師たちが自主的に参加する研鑽の場は、何かを教えられる場ではなく、自らが主体的に学ぶことによって気づきを得、それを通じて自己を変容させるような学びと成長が生成する場でなくてはならない。

象徴的に言えば、そこは、志を同じくする者たちが集う自由な「結社」なのである。結社である以上、そこには何がしかの場を組織する者は存在するだろう。しかし、組織者と参加者とは、恒常的な「教える－教えられる」関係には立たない。むしろそこには、お互いに刺激しあい、学びあい、育ちあう関係性が成立する。もちろん、特定の技法（スキル）や知識体系を学習することが目的の場面では、それらを「伝授（指導）する者」と「伝授（指導）される者」という関係性も発生する。しかし、それは、技法や知識獲得という特定の目的のもとに限定的に成立するものであって、けっして常態化はしないのである。

こうした研鑽の場のあり方は、教師たちを「甘やかす」ものだろうか。おそらく、逆である。こうした研鑽の場は、教師たちにどこまでも自主的・主体的であることを強く求める。場の空気は、凛とした緊張感に溢れていく。実は、強制された研修の場において、受け身に学習する、あるいは、外形的に学習している振りをするほうが、よほど楽なのである。

三つめに、現在の教育界の閉塞を打破するための教師たちの研鑽の場は、その本来の目的ゆえに、教育界の内部に閉ざされてはならない。社会の風が吹き込んでくる「開かれた空間」でなくてはならない。

ずいぶんと以前から、「開かれた学校」の理念は提唱されてきた。政策的には、近年、「コミュニティ・スクール（学校運営協議会）」の設置によって、その具体化が図られようともしている。また、二〇二〇年度から小学校を皮切りに全面実施に移行する新しい学習指導要領は、「社会に開かれた教育課程」の実現を目標に掲げてもいる。

ただし、そうした施策にもかかわらず、学校を取り囲む敷居は、依然として高いままのように見える。何より、学校教育を担う教師たちの多くは、自分たちが「社会に開かれた存在である」とは思っていないのではないか。そうであればこそ、社会に開かれた研鑽の場であるべきというこの原則は、重要であり、尊重されなくてはならない。

念のために、昨今の流行りの風潮への危惧からあえて言っておく。学校や教師が開かれていくべき対象の社会とは、イコール「企業社会」のことではない。もちろん、学校と企業との連携や、企業社会で注目されている課題解決の手法や対人的な働きかけのスキルなどを教師が学ぶことも、当然必要なことである。ただし同時に、教師たちには、地域社会を含め、異質な他者が交わり共生する、文字どおりの「社会」の構成員であるという意識を持ち、行動することも求められるのである。

最後に、教師たちの学びと成長の場は、教師自身が「探究」の主体となり、「アクティブラーナー」となる場でなくてはならない。

その理由は、主として二つある。一つは、自らがアクティブラーナーとして、主体的な探究へと向かう学びの面白さや醍醐味を実感している教師でなければ、新学習指導要領が求める「主体的・対話的で深い学び」を子どもたちに指導することは難しいからである。主体性を奪われた官製研修によってがんじがらめになった教師が、請け負いの教育技法やツールを用いて、子どもには主体性の発揮を促すといった構図ほど戯画的なものはないはずである。

もう一つは、教育界の閉塞を打ち破るためには、教育の現場には、「正解のない問い」に果敢に挑んでいく、チャレンジングな探究者が必要だからである。そうした能動的な探究者（アクティブラーナー）へと、教師たちが成長する場が保障されることは、第一義的には教師を成長させ、エンパワーする。と同時に、教師たちがエンパワーされ、自己変容を遂げることが、子どもたちを学習の場におけるアクティブラーナーへ、そして、自らの人生における「キャリア自律の主体」へと育てることにつながるのである。

ティーチャーズ・イニシャティブという「野望」へ

さて、ようやく本丸に突入する。

現在の日本の教育界には、なぜＴＩのような、一見「無謀」にも見えるけれども、その先には、したたかな野望を携えた企みが必要なのか。ここまでの議論を踏まえながら、論じてみたい。

議論の焦点は、述べてきたような、これまでの教師教育改革の失敗をどう乗り越えるのか、より具体的かつ限定的に言えば、そのためにはどんな組織や団体が、どんなかたちで教師たちの成長と研鑽の場をつくればよいのか、にあることを確認しておこう。では、これまでの失敗の原因は、どこにあったのか。すでに述べたことを端的に集約すると、失敗の原因は、①非自発的な参加者が、②一斉一律の形式と内容の、③上からの伝達・伝授という研修を受講するという、まさしく昭和の官製研修のスタイルそのものにあった。

ただし、そう考えると、実はずっと以前から日本の教育界には、こうした意味での官製研修とは異なる、教師たち自身による自主的な研鑽の場がつくられてきてもいた。少し遠回りになるかもしれないが、この点をしっかり押さえておきたい。

代表的なものとしては、「民間教育研究団体」（以下、民間研）と呼ばれるものがある。これは、歴史教育や数学教育、国語教育といった教科教育ごとに、あるいは生活指導、作文教育、進路指導といった教育領域やテーマごとに、行政とはかかわりなく教師たちが自主的に集い、そこに歴史学者、数学者、教育学研究者なども参加して、結成されてきた団体のことである。地域ごとにサークルのような集団をつくって、学習会や教育実践の交流会を開いたり、年に一、二度は全国大会（教育研究集会）を開いたりして、日本の教育が直面する課題や、自分たちの団体が掲げる教育上のテーマについての研究を深めてきた。とりわけ、教師たちが、学習指導要領や指導書などの「官製」に頼ることなく教材開発を行うことや、授業を批評しあうこと、教育実践を交流しあうことなどは、民間研がもっとも得意としてきたことである。

「官製研修に反発してきたので、教師としての自分は民間研に育てられた」と語る者も少なくないように、教師たちの自主的な学びと成長の場として、民間研が果たしてきた役割はけっして小さくない。多くの団体（ちなみに、日本民間教育研究団体連絡会に加盟する団体は、現在でも四十三を数えている）は、一九五〇年代以降の教育に対する国家関与の強化、とりわけ一九五八年に学習指導要領が「告示」化され、教育内容や方法に対する国のコントロールが強められたことを背景に、その前後の時期に発足した。その意味では、どの団体も歴史は古く、官製研修に対する危惧を出発点としたアンチの立場をとっていると言ってよい。そして、全盛時ほどの勢いは失われたとしても、多くの民間研は、今でも組織的な活動を継続しているのである。

もう一つ、官製研修とは異なる、教師たちの自主的な研鑽の場として注目されるものに、教職員組合による「教研（教育研究）活動」がある。言うまでもなく、教職員組合の本務は労働組合」であるが、日本の教職員組合の特徴は、労働組合としての役割を担うだけではなく、いわば職能団体としての役割、教師集団の職能開発や力量形成を促し、学習と成長の場を提供する役割をも担ってきた点にある。毎年開催される「教研集会」（実際には、右翼の街宣車が何台も訪れて、会場前の道路等で大音量の「演説」をすることで有名かもしれないが）は、全国規模のものであるが、そこに向けて、都道府県や支部ブロック単位、そして職場（学校）単位での教研活動が積み上げられていることが、教職員組合の教研活動の特徴であろう。

日本以外の国の教員社会では、教師にとっての研修の場は、ほとんどが大学の教育学部や教育研究所のような機関、あるいは教育ビジネスが提供する学習機会に限られる。それとの対比で言えば、日本のように、（かつての勢いはないとしても）数多くの民間研が活動しており、また、（組合自体の組織率は低下しているとはいえ）教職員組合が提供する教研の場が存在するということは、かなり特異なことである。しかも、そうした場が、教師たちの自己成長のための多様な研鑽の機会を用意し、官製とは異なるオルタナティブな学びと成長の場を提供している。これは、日本の教育界に慣れてしまった者には気づかないのだが、国際比較で見れば、きわめて貴重なことなのである。

ただ、そうだとすると、である。あえて問おう。

官製研修とは異なり、その悪弊を克服していると思われる、教師にとっての自主的・自律的な研鑽の場は、すでに存在している。であれば、そもそもこの領域への新参者であるＴＩには、はたして出番はあるのか。民間研や教研の活動とＴＩの活動は、いったいどこが違うのか。

「アウトサイダー」であるがゆえのフレキシビリティ

まずは、発想を転換してみる。民間研や教研の活動とＴＩの活動との共通点は、どこかにあるだろうか。

大胆に言ってしまえば、官製研修ではない点、そうであるがゆえに、教師たちが自主的・

自発的に参加する場であるという点が、辛うじて存在する共通項であろう。しかし、それ以外の点では、民間研や教研とＴＩの活動は、やはり大きく違う。では、何が、どう違うのか、（これまた大胆すぎるほどに）整理してしまおう。

第一に、ＴＩは、教育界にとっての「アウトサイダー」の集まりである。

急いで付け加えておくが、ここでのアウトサイダーは、町おこしに必要なのは「若者、バカ者、よそ者だ」などと言われる際の（ポジティブな意味での）「よそ者」のことである。現代思想ふうに言えば、共同体内部のしきたりや論理に捕捉されることなく、それを自由に超越することのできる「外部」（外部性を携えた者）のことを指している。それゆえ、教育界内部での経験やキャリアを持つ者でも、その内部の論理から自由になれていれば、この意味でのアウトサイダーであると言える。

もう一つ、誤解のないように付記する。ＴＩが提供するプログラムに集まる教師たちは、もちろん教育界にとってのアウトサイダーなどではない。年代的には若手からベテラン、管理職層にまでわたっているが、みな専門職としての立派な教員である（もちろん、ＴＩには、少数かもしれないが、企業人や行政職など、教師ではない方々も参加している。が、同じ志を持つ方々であるという点を汲んで、以下では「教師」で代表させる）。しかも、教育や学校の現状に対して閉塞感を感じたり、教師としての自己の成長課題を意識していたりする、多様で個性的、センスのいい方々が集まっている（この本の八人の教師の物語を読んでから、この章にたどり着いた読者であれば、すぐにわかるはずだ）。だから、アウトサイダーであるのは、ＴＩのプログラムに集う教師たちのことではない。ストレートに言えば、ＴＩの運営側の多彩なメンバーのことを指している。

では、ＴＩを運営しているのは、いったい何者なのか。

組織（一般社団法人）としてのＴＩを立ち上げる母体となったのは、言うまでもなく（株）教育と探求社である。「クエスト・エデュケーション」（探究学習プログラム）では多少の蓄積があり、（一部の）高校現場などには（熱烈に）知られているかもしれないが、しかし、会社の設立からは十五年ほどのベンチャー企業である。事業内容から判断すれば、民間教育事業者になるのだろうが、この会社に集っているのは、教育事業のプロフェッショナルたちばかりではない。教育に賭ける「夢とロマン」は壮大で、かつ誰にも負けないが、しかし、事業対象である教育（少なくとも学校教育）について玄人であるとは言いにくい、感激屋で涙もろい社長を筆頭にして、およそ教育界でのキャリアからは遠い方々も少なくない。

こうした教育と探求社のスタッフ構成の特徴は、ＴＩになっても基本的には変わらない。言いたいのは、教育界出身のスタッフがいないという意味ではなく、ポジティブな意味で、教育界のしきたりや独自の組織文化が持ち込まれていないということである。そしてもちろん、ＴＩの運営側のスタッフたちは、教育界にとってアウトサイダーであるかもしれないが、社会人としては、それぞれの分野で百戦錬磨のキャリアを積んできたプロフェッショナルであったりもする。しかも、そんな方々でありながら、教育について熱い思いを持っている。

こんなふうに考えると、TIがつくり出すコミュニティは、きわめて興味深い構図で構成されていることがわかる。つまり、〈教育のプロ（専門職）である多様で多彩な教師たち〉を、〈教育界のアウトサイダーではあるが、各分野のプロであり、かつ教育に熱い思いを持つスタッフたち〉が、真正面から迎える（本当は、迎え撃っている⁉）という図柄である。こんな「芸当」、いや、こんなかたちで異なる組織文化が邂逅する場を創出することは、民間研や教職員組合の教研活動などは、どんなに真似したいと思ったとしても叶うことではない。しかし、これこそが、教育界に社会の風を吹き入れ、イノベーションの気運を持ち込む格好の仕掛けであり、まさにTIの強みなのである。

第二に、民間研や教研の活動とTIとの大きな違いとして、TIには（驚くことに）固有のテーマがない。

言い過ぎかもしれないので、急いで付け加えよう。目的や目標がない組織は、おそらく存在しない。そういう意味では、TIにもテーマはある。しかし、それは、僕なりに表現すれば、「日本の教育を変える！」であったり、教師の「自己成長」「自己変革」であったりする。要するに、かなり（というか、壮大に）広いのである。

官製研修でも、民間研や教研でもそうなのだが、通常、教師にとっての研修や研鑽の場は、「○○教育」について理解を深める、「○○教育」に取り組むためのスキルを獲得し、実践的な能力を高めるといったテーマが掲げられ、そのテーマに沿って、教師たちが集まってくる。これに対して、TIの場合には、「日本の教育の未来をつくる」とか「教師としての自己変容」といった大仰な（場合によっては、新興宗教のような匂いがしないではない）テーマのもとに、参加者たちが集まってくるのである。

もちろん、TIのプログラムのなかにも、例えば「システム思考」や「ラーニング・デザイン」について学ぶといったスキル獲得的な要素は存在する。しかし、これらのスキルを学びたいがゆえに、TIに参加するという教師は、おそらくはいない。TIの主役は、あくまで先のような大テーマなのである。

とすれば、これは、ある意味で凄いことである。こんな（壮大で、かつ新興宗教のようでもある）テーマの研鑽の場に、どうして人が集まってくるのだろうか。

確信を持っては言えないが、一つには、TIのようなスタイルは、教育界における既存の研修等の間隙を突いた（いや、虚を突いた）のではないか。これまでの研修や研鑽の場は、専門性を磨くことやスキルを獲得することに集中しすぎていたように思うからである。そして、もう一つ。TIが掲げたようなテーマこそは、実は、教師たちの「実存」に突き刺さる問い

（――自分はなぜ、何のために教師をやっているのか）だったからなのではないか。残念ながら、既存の教育界には、そこに応えられる場がなかった（かつては存在したように思うが、今は弱体化してしまっている）。このあたりこそは、教育界のアウトサイダーたちが仕掛けたＴＩという企ての面白さであり、最大の強みでもあるのではないか。

時代が求めた「アウトサイダーの乱」

さて、いよいよクロージングである。

先に、僕は次のような問いを出した。――官製研修には問題が多いとしても、教師たちの研鑽のオルタナティブな場は、民間研や教職員組合の教研など、他にも存在している。そんななかで、はたしてＴＩに出番はあるのか、と。

結論的に言おう。――出番は、確かにあった。現代という時代が、今日の教育界の状況が、それを求めていた。僕なりの言葉で大胆に言えば、ＴＩという企みは、時代と領域のニーズに見事に合致した「アウトサイダーの乱」だったのではないのか。（教育界の内部には絡めとられない「外部」による、内部をイノベーションするための挑戦的な「揺さぶり」であったという意味である。）

官製研修とは異なるとしても、民間研も教研活動も、教育界から見れば、この世界の「エスタブリッシュメント」である。全盛期からは参加者や組織率を大きく減らしているとしても、教育界の内部にしっかりと根を張り、一定の影響力を保持している。だからこそ、教育界のしきたりや論理からは、なかなか自由になれない。もちろん、官製研修と民間研や教研は、ざっくりと言えば、相互に批判的な関係にあるはずである。しかし、そうしたアンチの関係性や対立さえをも、結局は「コップの中の嵐」に回収してしまうのが、ここでいう教育界のしきたりであり、論理なのである。

現在の教育を覆う閉塞は、そうしたコップの中の争いで打破できるものでは、けっしてない。閉塞を打破するためには、これまでの教育や教育界のしきたりからいったんは脱出し、それらを丸ごと対象化し、果敢に乗り越えていくような斬新な発想や行動が必要である。教育界にとってのアウトサイダーたちの結社であるＴＩは、まさにその外部性ゆえに、教育界を外から撃ち、そのうえで内へと喰い込んでいくポジションを得ることができたのではないか。それは、当事者たちがどれだけ自覚していたのかはわからないが、時代と領域のニーズを正確に見すえたうえで仕込まれた果敢な挑戦であった。

しかも、である。ＴＩは、教育界の外部に位置するポジショニングにもかかわらず、社会人経験のある、民間企業で通用するスキルや能力を備えた人材を教育界の内部に送り込めばよいではないか、といった（流行りではあるけれども、安易な、と僕には思える）発想には立たなかった。こうした発想は、教育政策や教育改革を主導する政治家などの発言の背後に透けて見えるものである。新自由主義的な教育改革（教師教育改革）のトレンドという点では、先進諸国に共通するが、それが必ず成功するというエビデンスは、現時点ではどこにも存在していない。だからこそ、ＴＩが、こうした流行りの（そして、おそらくは乱暴でもある）方式ではなく、教育界の内部にいる専門職としての教師たちをレスペクトし、信頼するという方針に打って出たのは、本当に素晴らしいことだ（快挙である！）。言ってしまえば、ＴＩは、教育界の外部から風を送りつつも、信頼に足る、志ある教師たちと連携し、協働して、ともに教育界を内側から変えていこうという優れた戦略に出たのである。

こうしてできあがったのが、ＴＩという教師たちの学びと成長の場、自己研鑽の場である。暖流と寒流が混じり合う海原のように、ＴＩには、教育界の内外の潮流がぶつかりあう。だから、相互が反発しつつも、しかし、最終的にはシナジー効果が生まれるような、刺激的な成長空間ができている。そんなＴＩだからこそは、志ある教師たちのなかには、着実に「化学変化」が引き起こされている。（本当は、ＴＩの運営スタッフの側にも、化学変化が引き起こされているはずであるが、ここでは措いておく。）

この本にある八人の教師たちの物語を読めば、化学変化とはどういうことなのか、すぐにわかるだろう。そのありようは、教師たちそれぞれによって違う。当たり前のことである（ここは、みんなが一つの高みをめざすような新興宗教の教場ではないのだから）。そして、違うからこそ、いい。教育界の内部の住人である教師たちは、ＴＩという外部に自主的に参加し、そこで揉まれて、自らが自らにひき起こしたとも言える化学変化を、教師としての自己の成長や新たなキャリア展開の可能性につなげている。そして、それを、再び教育界の内部である各自の現場へと持ち帰っているのである。

教師たち自身は、（ひょっとしたら、ＴＩの仕掛け人たちも）十分には自覚していないのかもしれないが、この往還（教育界の内から外へ、そして自己変容を経て、今度は外から内へ）こそが、ＴＩというプロジェクトの最大の魅力であり、レゾンデートルなのではないか。

おわりに

最後の最後にもかかわらず、余計な発言を加えておく。

ＴＩは、つねに変化しつつ、「進化」を遂げていく。しかも、その進化には、つねに野望とも無謀とも区別がつきにくいような大胆さが随伴している。例えば、今ではＴＩは、この章で僕が、こてんぱんに批判したはずの官製研修に関与しはじめている。各地の教育委員会と連携して、そこでの教員研修にＴＩのプログラムを採択してもらおうと画策している。いや、画策どころか、すでに採択された実績も残している。

正直に言って、「おいおい、ちょっと待て！」とも思う。

しかし、ＴＩが、教育界のエスタブリッシュメントである官製研修を飲み込もうとするつもりであるのならば、その志には感服する。ただし、そのことによってＴＩ自身が、教育界の内部のしきたりや論理へと「体制内化」してしまい、これまでの教育界や官製研修の文化に飲み込まれてしまうのであれば、それには「待った！」を掛ける必要があると思っている。

実際には、どうなるのか。正直、僕などにわかるはずはない。しかし、一つだけわかっていることがある。挑戦もせずに、その手前で諦め、立ちすくんでしまうのは、およそＴＩらしくないということだ。ＴＩの精神は、まさに「アウトサイダーの乱」なのだから。

そういう意味で、これからも（野望と無謀を往還しつつ）変化と進化を遂げていくＴＩは、安心しては見ていられない存在である。でも、だからこそ、期待したい。そして、応援したくもなる。こんなＴＩに、日本中の多くの志ある教師たちが参画し、そして、ここから教育現場に戻って、日本の教育界の閉塞を少しずつ、でも大胆に打破していく姿を想像するのは、本当に心地よい。そうした動きは、すでに始まっている。閉塞には小さな穴が空きはじめ、濁流が生まれてきた。あとは、これが、大きな奔流となっていくことを願うばかりである。

◇あとがき

八人の先生たちの変容のストーリーを皆さんはどのように受け止めたでしょうか？　地域も、校種も、教科も、個性も違う先生たちの、一教師としての物語であり、同時に一人の人間としての物語であったと思います。そう、教師ほど、職業人としての自分と、人間としての自分との重なりが求められる仕事はない、と私は思っています。それは、授業の中で知識や情報が生徒に伝えられるだけではなく、教師の心の深い部分が生徒の学びに影響を与えるからです。教室では、教師の人間としての信条や価値観、生き方・あり方が、思っている以上に子どもたちに伝わっています。

例えば、天体の授業をするときに宇宙に大いなる関心を持っている教師が、自分自身がわくわくしながら授業をすると、生徒たちは星座名や星の運行の法則という知識を覚えることもしますが、むしろ、大の大人がこんなにわくわくしながら話す、それほど宇宙はロマンに満ちているんだということを、その教師の姿勢から学びます。そして、そのことこそが生徒の人生にとって大きな意味を持つようになるかもしれません。星座名や星の運行のしくみは

Ｇｏｏｇｌｅ（グーグル）がいつでも教えてくれますが、未だ知らない世界に関心を持つ生き方やそこから得られる歓びは、人間からしか学ぶことはできないからです。

教師が世界をどのような場所であると認知しているのか、人間の可能性をどのように観ているのか、学びの価値をどこにおいているのか。その〝観〟が教室の空気をつくり、日々その空気を吸いながら生徒は育っていきます。これはとても大きなことです。ですから私たちは、指導方法や指導技術ではなく、その大本にある先生方の教育観に向き合ってきたのです。自ずと、〝人間として〟の教師が学び手としてそこに現れてきます。もとより私たちに正解があるわけではなく、先生同士が互いの人間の部分をさらけ出し、深いレベルでの対話を重ね、そのなかから新たな価値を共に紡ぎ出していく。ＴＩの学びとは、このように内省的であり、対話的であり、共同創造的です。

このような学びは、もしかしたらこれまでみなさんが考えてきた「学び」とは少し様相が異なるものかもしれません。ＴＩの学びは「体験してみないとわからない学び」と言われることもあります。それは知識や技術の修得という目に見える学びではなく、教師の教育観の更新というような目に見えにくい学びだからです。今回、実際にそのような体験を経てきた先生方の生の言葉を通して、何か少しでも感じ取ってもらうことはできないかと思い、この本の出版に至りました。

過去五年の間に何人もの先生がプログラムに参加し、いくつもの変容と成長のストーリーが生まれました。そのすべてをここに掲載したいくらいですが、紙幅に限りもあり、今回は背景や属性、学びの多様性を考慮し、この八名の先生にインタビューさせていただきました。その他の先生たちのストーリーについてもイベントやホームページ、記事などで今後も広く発信していきたいと考えています。そして願わくば、この本の続編も出版し、より多くの先生の変容と活躍の様子を伝えていきたいと考えています。

二〇二〇年で設立五年を迎えたティーチャーズ・イニシアティブですが、コロナ禍の中で、本書で紹介している対面型の「21世紀ティーチャーズプログラム」は、全て中止せざるをえない状況になりました。しかし私たちは、生徒はもちろんですが、先生方の学びも止めるわけにはならないと考え、急遽、すべてのプログラムをオンラインでの実施に切り替えました。成人の発達を促す学びについては、海外には豊富な先進事例がすでにありました。ラーニングデザインチームの中には数年前からそれらに参加し、国内でも実践してきたメンバーもいて、オンラインでの新講座を迅速に立ち上げることができました。

オンラインでのプログラム実施は新たな価値も生み出しました。これまで参加が難しかった遠隔地域の先生方の積極的な参加があったり、お子さんがいて宿泊型の合宿参加が難しい先生にも場所と時間を超えて学び合える場を提供したりすることができました。また、生徒一人一台端末を目指すＧＩＧＡスクール構想がコロナ禍によって前倒しされる中で、先生方にＩＣＴを活用した授業に取り組んでもらうためのプログラムも提供することができました。単なるＩＣＴ活用のハウツーにとどまるのではなく、生徒との関係づくり、学びの意欲の喚起、など通常の授業においても大切なことがオンラインでも変わらず大事になるという本質的なメッセージが多くの先生方に届けられたことは意義あることだと思っています。二〇二〇年度から翌年にかけて、堺市をはじめとする五つの自治体・教育委員会でオンライン型での学びを先生たちに届けています。

二〇二一年度以降は、感染対策に充分配慮をしながら対面型でのプログラムも再開する予定です。詳しくは団体ホームページに随時情報をアップしていきますので、ぜひ、ご覧になってください。

過去五年間、ＴＩは多くの方に支えられてきました。立ち上げのクラウドファンディングで応援してくださった一〇〇名を超える市民のみなさんの寄付で活動を始めることができました。初期のラーニング・デザイン・チームを支えてくれた小田理一郎さん、後藤拓也さん、村川麻衣さん、東寛美さん、団体設立に尽力してくれた古川美幸さん、団体ホームページを無償で制作してくれた山下道生さん、みなさんの応援がなければ今日のＴＩはありませんでした。デジタルハリウッドさん、リヴィティエさん、ＣＯ☆ＰＩＴさんにはプログラムやシンポジウムの会場をご提供いただきました。

ラボ活動においては理事に加え、元大空小学校校長の木村泰子先生、元同志社女子大学の上田信行先生、広島大学の高谷紀夫先生・淺野敏久先生、岡山商科大学の川合一央先生、出島プランニング出島誠之さん、京都橘大学の平尾毅先生、そしてＴＩ理事のみなさんがその知見を受講生に注ぎ、共に対話し、学びの地平を広げてくれました。

プログラムに多大なご理解を示し、自治体での研修機会を開いてくださった堺市教育委員会、福山市教育委員会のみなさまにも大変お世話になりました。

そして、二〇一八年からは日本ベンチャー・フィランソロピー基金（ＪＶＰＦ）のご支援が、ＴＩの活動と成長を後押ししてくれました。共に伴走してくださる日本財団のみなさま、ソーシャル・インベストメント・パートナーズ（ＳＩＰ）の鈴木栄さん、白石智哉さん、福島沙世子さん、藤本悠司さん、最初に担当してくださった半田希美さんにもこの場をお借りして感謝申し上げます。

そして、ここには書ききれませんがTIのシンポジウムやイベント、勉強会などに登壇・ご参加くださった全てのみなさんが、先生たちの現状に想いを寄せ、応援団としてエールを送ってくれました。TIは先生と市民の間をつなぐコミュニティとして、今後も活動を広げていきたいと思います。


最後に、今回TIというわかりにくい活動の趣旨を理解して出版を決定していただいたさくら社さん、そして装丁を担当してくれたキャメロットさんにも感謝を申しあげます。

本書の企画を共に立ち上げ先生方へのインタビューを担当してくれた事務局長の伊江昌子さん、記事を書き上げてくれたライターの加藤肇さん、多くの学校、自治体をTIの学びの場に巻き込むことに貢献してくれている甫守美沙さん、バックオフィスを支えてくれる粕谷望さん、監事として活動を見守ってくれる若山理子さん、半田志野さん、岡田純先生、いつも探求的、創造的に学びの場を生み出してくれるラーニング・デザイン・チームのみなさん、ITスペシャリストの兒玉義徳さん、そして何よりも私たちとともに豊かなる学びの場をつくってきていただいた多くの先生方に心よりの感謝を伝えたいと思っています。

私たちが先生と共につくり上げ、これまで大切にしてきた学びが、辺境の挑戦という位置づけを超えて、学びの本質であり、ど真ん中であると多くの人が認める日が来るまで、私たちは歩みを止めることなく進み続けたいと思っています。

二〇二一年二月

ティーチャーズ・イニシアティブ／代表理事　宮地勘司

一般社団法人 ティーチャーズ・イニシアティブについて

（2021 年 2 月現在）

団 体 名：一般社団法人　ティーチャーズ・イニシアティブ
所 在 地：千代田区四番町 4-9 東越伯鷹ビル 6F
（株式会社教育と探求社内）
設 立 日：2015 年 9 月 16 日
連 絡 先：03-6674-1059 / メール：info@teachers-i.org
代表理事：宮地勘司
理　　事：米倉誠一郎　鈴木 寛　児美川孝一郎　前野隆司
土屋恵子　白石智哉
監　　事：若山理子（公認会計士）
事務局長：伊江昌子　（2021 年 3 月迄）
渉外部長：甫守美沙
ラーニング・デザイン・チーム：並木通男　桑原香苗　福島創太
東 寛美　兒玉義德

団体のホームページ　https://teachers-i.org/

Facebook ページでは最新のプログラムやイベント情報をお知らせしています。
https://www.facebook.com/teachersinitiative

●ご寄付について

ティーチャーズ・イニシアティブでは、先生たちを支えたいと考える市民の皆様のご寄付を受け付けております。興味をお持ちの方は団体ホームページをご覧ください。

（なお、本団体は寄付による税制上の優遇措置の対象団体ではございません。ご了承下さい。）

◆編著者紹介

一般社団法人 **ティーチャーズ・イニシアティブ**

「先生こそが真に未来をつくることができる」を掲げ、5人の発起人と100名以上の市民の支援によって、2015年に設立された非営利法人。「21世紀ティーチャーズプログラム」には過去5年間で200名を超える先生が参加し、教育委員会の公式研修としても採用されるなど、広がりを見せている。リーダーシップ開発やICT活用の研修も行い、先生たちの学びのコミュニティが形成されている。

この先を生む人

「ティーチャーズ・イニシアティブ」の記録

2021年3月3日　初版発行

編著者　一般社団法人ティーチャーズ・イニシアティブ
発行者　横山験也
発行所　株式会社さくら社
〒101-0051　東京都千代田区神田神保町2-20 ワカヤギビル507号
TEL：03-6272-6715 ／ FAX：03-6272-6716
http://www.sakura-sha.jp　郵便振替 00170-2-361913

装丁：ymd/design（株式会社キャメロット）

印刷・製本　中央精版印刷株式会社

ISBN978-4-908983-48-1　C0037

さくら社の理念

●書籍を通じて優れた教育文化の創造をめざす

教育とは、学力形成を始めとして才能・能力を伸ばし、目指すべき地点へと導いていくことでしょう。しかし、そこへと導く方法は決して一つではないはずです。多種多様な考え方、やり方の中から、指導者となるみなさんが自分に合った方法を見つけ、実践していくことで、教育文化は豊かになっていきます。さくら社は、書籍を通じてそのお手伝いをしていきたいと考えています。

●元気で楽しい教育現場を増やすことをめざす

教育には継続する力も必要です。同時に、継続には前向きな明るさ、楽しさが必要です。先生の明るい笑顔は子どもたちの元気を生みます。子どもたちの元気な笑顔で先生も元気になります。みんなが元気になることで、教育現場は変わります。日本中の教育現場が、元気で楽しい力に満ちたものであるために――さくら社は、書籍を通じて笑顔を増やしていきたいと考えています。

●たくましく豊かな未来へとつなげることをめざす

教育は、未来をつくるものです。教育が崩れると未来の社会が崩れてしまいます。教育がたくましくなれば、未来もたくましく豊かになります。たくましく豊かな未来を実現するために、教育現場の現在を豊かなものにしていくことが必要です。さくら社は、未来へとつながる教育のための書籍を生み出していきます。